AF607403

valle-hidalgo@hotmail.com
https://www.valle-hidalgo.com/

http://www.edicionesinvasoras.com
D.L. ZA 173-2024
ISBN: 978-84-18885-52-5

DROGAS A ESCENA,
Legales e ilegales

Agua con limón
&
Eating lexating

Valle Hidalgo

Agradecimientos

En 2024 se cumplen treinta años del estreno de mi primera obra de teatro como autora, *Agua con limón*. Tengo mucho que agradecer a muchas personas, actores, compañeros, amigos, medios de comunicación, instituciones y empresas que han apoyado mi trabajo. Gracias a ellos he podido continuar estrenando, girando y publicando mis textos, a pesar de todas las dificultades propias de este medio, de mi género y de tantas crisis que han afectado a mi generación. Agradezco especialmente a Julio Fernández por su gran aporte a la dramaturgia contemporánea como autor y editor valiente, que ha decidido acoger este libro entre los suyos. Agradezco sobre todo a mis padres, aunque ajenos al teatro y a pesar de sus prejuicios, me han ayudado todo lo que han podido. También a mis hijos, que siempre, siempre, aún desde mi vientre, han participado en mis producciones. A todos ellos les dedico esta edición de *Drogas a escena, legales e ilegales*.

INDICE

PRÓLOGO

Según la Organización Mundial de la Salud (OMS), una droga es "toda sustancia que introducida en el organismo vivo puede modificar una o varias de sus funciones, alterando los pensamientos, emociones, percepciones y conductas en una dirección que pueda hacer deseable repetir la experiencia, pudiendo provocar mecanismos de tolerancia y dependencia".

En la actualidad, conviven en nuestra sociedad las drogas legales (como el alcohol, el tabaco o los tranquilizantes) y las ilegales (como la cocaína, la heroína, el cannabis, el LSD, etc).

Para que podamos hablar de adicción, o dependencia física y psicológica de una sustancia, deben darse las siguientes características: un fuerte deseo de consumir dicha sustancia, con dificultades para controlar la conducta adictiva, una necesidad de consumir dosis cada vez más altas para lograr el mismo efecto (tolerancia), unas reacciones físicas y psicológicas muy desagradables al abandonar el consumo (abstinencia), y unas repercusiones negativas en la vida de la persona, que pueden afectar a su salud, sus relaciones, su trabajo, o sus valores personales.

El consumo de drogas como la heroína fue una "moda" entre los jóvenes en los años 80, que, desgraciadamente, se cobró muchas víctimas y generó una gran alarma social. Esta situación, queda estupendamente retratada en la primera pieza teatral de Valle Hidalgo, *Agua con limón*, ambientada en esa década. En ella, un grupo de chicos y chicas, como es habitual a su edad, buscan divertirse y enamorarse, pero en una atmósfera que se irá oscureciendo poco a poco, por los efectos devastadores de las drogas.

La segunda pieza, *Eating Lexating*, ambientada en los años 2000, es una obra muy diferente, contada en clave de humor, pero que provoca, por contraste, un interesante diálogo con la anterior, al reflejar la "nueva moda", esta vez "legalizada", de recetar tranquilizantes y ansiolíticos de forma excesiva e injustificada. Hoy en día, sabemos que España es el mayor consumidor de ansiolíticos del mundo, y esto va creciendo cada año. Además, existe un sesgo clarísimo de género, ya que las mujeres consumen un 83% más de psicofármacos en DHD (dosis por habitante /día), que los hombres. Y esta cifra es especialmente alta en mujeres mayores, como nuestras divertidas Basilia, Gertrudis y Violeta, las protagonistas de *Eating Lexating*.

Aunque escritas con una distancia temporal de más de dos décadas, Valle, ha sido capaz en estas dos obras teatrales, reunidas ahora por su temática común, de observar con agudeza y retratar con acierto, los dos momentos sociales que describe.

Es dramaturga, actriz y también, licenciada en psicología. Tuve la oportunidad de conocerla, hace unos años, en el grupo de Psicología y Artes Audiovisuales y Escénicas del Colegio Oficial de la Psicología de Madrid. Desde entonces, hemos colaborado en diversas ocasiones, y puedo decir que es una persona generosa, luchadora, perspicaz e inquieta, que siempre da lo mejor de sí misma. Y eso se nota en todas sus creaciones. Ha sido para mí un placer, prologar su libro. Espero que el lector lo disfrute.

Ana Fernández Rodríguez
Psicóloga Clínica y Coordinadora del GT Psicología y Artes Audiovisuales y Escénicas (Colegio Oficial de la Psicología de Madrid)

INTRODUCCIÓN DE LA AUTORA

Legales o ilegales, las drogas nos rodean. El ser humano se ha sentido atraído por ellas desde tiempos inmemoriales. Las usamos para curarnos, para aliviar nuestros males o para evadirnos de la realidad. *Drogas a escena, legales e ilegales* presenta dos caras de la misma moneda. Dos obras muy distintas con un denominador común: las sustancias simpaticomiméticas que se usan para modificar los estados de ánimo.

Agua con limón se estrenó el 21 de abril de 1994 en la Facultad de Psicología de la Universidad Complutense de Madrid —donde me había licenciado algunos años antes—, estuvo programada en la Sala Cuarta Pared de Madrid, las actividades de la Obra Social y Cultural de Caja Madrid y la Muestra de Autores Contemporáneos del Teatro de Rojas de Toledo. Retrata a un sector de la juventud de los años ochenta, en una España donde comenzaban a correr por las calles sustancias ilegales de las que se desconocían las consecuencias. Sus protagonistas, hijos de un sistema sanitario basado en la excesiva medicalización del malestar, sucumben al hechizo de las drogas y varios de ellos acaban pagando con su vida. La heroína fue una plaga que asoló la juventud de la Transición y se llevó a muchos de mis amigos de aquella edad. *Agua con limón* refleja este fenómeno en los niveles conductual y científico. Junto a la interpretación actoral, la danza contribuye a visualizar los procesos neuronales, los cambios químicos que ocurren en el cerebro durante la adicción. Una obra en tres actos, divididos cada uno en tres escenas, donde la duración de actos y escenas se va acortando a medida que avanza la trama, a la vez que se va precipitando el final de sus protagonistas.

Eating lexating surgió con la colaboración de Encarnación López, Milagros Morón y Carmen Castro, en un taller de teatro de la concejalía de Mujer del Ayuntamiento de Pozuelo de Alarcón y se estrenó el 8 de marzo de 2007, dentro de los Actos del Día Internacional de la Mujer de este municipio madrileño. En 2009 sirvió de base para el programa «Teatro Terapéutico» de la sección «Psicología para la Vida» en el magazín *La Mar Salá* de Levante TV y en 2014 se revisa nuevamente en un taller del Grupo de Trabajo Psicología Artes Escénicas y Audiovisuales del Colegio Oficial de la Psicología de Madrid. A su protagonista, Basilia, una mujer madura, le aquejan multitud de dolores y su doctora, sin ahondar en las causas, le receta tranquilizantes para quitársela de encima. Herederos del pensamiento victoriano que nos ha llegado a través de influyentes figuras del ámbito de la salud mental, tradicionalmente, a las mujeres se les suele tachar de histéricas y, a tal categoría clínica, se achacan demasiado frecuentemente los síntomas de su malestar, dejando pasar por alto el verdadero origen de sus enfermedades y desajustes. *Eating lexating* habla de la necesidad de buscar alternativas naturales para paliar los estados de ansiedad, que tantas veces se acallan con tranquilizantes y antidepresivos en lugar de afrontar los motivos del malestar para tratarlos de forma específica.

Actualmente, no solo nuestros jóvenes siguen reduciendo su calidad de vida con el consumo de drogas, sino que van muriendo prematuramente aquellos que sobrevivieron a los ochenta pero no han conseguido librarse nunca de sus adicciones. También nuestro sistema de salud receta cada vez más ansiolíticos y antidepresivos a mujeres y hombres de todas las edades, para tapar síntomas. Por lo que estas dos piezas, *Agua con limón* y *Eating lexating*, desgraciadamente, siguen estando de actualidad y espero que nos puedan servir para reflexionar sobre la necesidad de buscar medios de curación, alivio y evasión, que nos proporcionen un bienestar más equilibrado, natural y duradero.

AGUA CON LIMÓN

PERSONAJES

(Por orden de aparición)

SALVA

JUAN «EL MODERNO»

GINA «LA MUÑECA»

ALICIA «LA PRINCESA»

CARMELO

BODEGUILLAS

RATÓN

PROFESOR

&

BAILARINES

ACTO I

ESCENA PRIMERA

Una calurosa tarde del principio del otoño, iniciando la década de los ochenta del siglo XX, en un parque de barrio. El kiosco de Salva está aún cerrado. Comienza a sonar London Calling de The Clash, a más revoluciones de las que corresponden a la canción. Salva sale de detrás de su kiosco —a las mismas revoluciones que la música—, bailando y sorbiendo la nariz, mientras se tapa alternativamente cada uno de sus orificios. Abre las portezuelas, coloca sillas y mesas, las limpia y las recoloca compulsivamente. Adorna las mesas con pequeños floreros. Masca chicle y enciende cigarrillos que se va dejando por distintos ceniceros, luego los va retirando y sustituyendo por otros limpios. Emite sonidos como acompañamiento a la música y arranca con fuerza algunos acordes a una guitarra imaginaria.

Llega Juan «El Moderno», un chico guapo, atractivo, cuya indumentaria cuidada y original hace honor a su apodo.

Salva - Ey, Moderno ¿dónde te has metido? te he estado llamando por si te querías venir esta noche al concierto conmigo. He pensado que podíamos...

Juan, que parece venir con las ideas muy claras, se mete detrás del kiosco y pone el disco a unas revoluciones más lentas de lo que le corresponde. Salva, como si se hubiera quedado sin pilas, se derrumba sobre una de las sillas.

Salva - Anda, pásame una cervecita y ponte tú lo que quieras.

Juan - ¿Has pillado limones?

Salva - Están ahí, en una bolsa, que no me ha dado tiempo a colocarlos, ponlos tú en su cesto, así haces algo de provecho.

Juan saca nerviosamente un limón de la bolsa, dejando rodar todos los demás por el suelo, entre las mesas. Corta el limón y toma una de las mitades. Coge también una botella de agua y desaparece de nuestra vista. Salva se levanta para recoger los limones mientras regaña a su amigo.

Salva - Te podías enrollar un poco ¿no? Yo me paso el día dándote vidilla y tú no vienes más que a buscarme marrones. Pues me voy a cansar ¿sabes? yo me gano la vida con este chiringuito y si me lo chapan...

Juan -No me cortes el rollo ¿vale? *(asomando la cabeza por la ventana del quiosco).*

Salva -Bueno, bueno, no te pongas así *(acercándose con los limones en la mano).*

Juan - Yo me pongo como me da la gana *(entregando el cesto a Salva).*

Se miran y se ríen, al fin y al cabo, lo que les gusta a los dos es «ponerse». Salva coloca los limones, Juan deja en el cesto el medio limón que le había sobrado y se dirige hacia una de las mesas, bebiendo agua de la botella. Salva entra, se sirve una cerveza y pone un disco de Pati Smith. Entra Gina, «La Muñeca».

Gina - ¿Qué hay, Salva?

Salva - Hola Muñeca, ¿qué quieres tomar?

Gina se dirige a Juan, se sienta en sus rodillas y le besa apasionadamente, sin mediar una palabra. Salva contempla la escena, indignado.

Gina - ¿Dónde está? *(registra todos los bolsillos del chico).*

Juan - Aquí *(ofreciéndole la margarita del florero de la mesa).*

Gina - No necesito deshojar una margarita para saber que no me quieres.

Juan - ¿Qué no? *(la besa).*

Gina - Si me quisieras te habrías acordado de mí, vamos, demuéstrame que lo has hecho.

Juan - Sabes que pienso en ti día y noche.

Gina - ¿Y qué gano yo con eso? *(sigue buscando, cada vez más nerviosa)* no me puedo creer que no me hayas dejado ni un poquito.

Juan - Tú no me has dicho que quisieras pillar...

Gina -¡Tampoco te pregunto yo nunca si quieres pillar y me fundo contigo todo lo que tengo! *(separándose, furiosa).*

Juan - Muñeca, no me grites, que estoy muy a gusto.

Gina - ¡A gusto! ¡tendrá morro!

Juan - No te enfades, ven aquí...

Gina - No Juanito, me voy a donde pueda yo también estar a gusto.

Juan - Tú no te vas de aquí.

Gina - ¡Vaya que no!

Juan - ¿Dónde vas? ¿a casa de Carmelo... cotón? Jeje, un chico muy dulce.

Gina - No te metas con él.

Juan - Ya te metes tú con él... en la cama.

Gina - ¿Y qué?

Juan - ¿Y qué? ¡que eres mi novia!

Gina - ¿Tu novia? cuando estés a la altura.

Juan - No me hagas esto.

Gina - ¡Ojo por ojo!

Juan - ¡Y gusto, por gusto!

Gina - Así es la vida.

Juan - ¡Vaya mierda! Gina, te juro que es la última vez que me pongo.

Gina - ¡Mañana me lo cuentas!

Gina sale de escena y Salva se acerca a Juan.

Salva - Pues mira, Juan, es lo mejor que podrías hacer, dejarlo ya de una vez. A mí me darías un alegrón, hijo mío, desde que te metes esa mierda ya no eres tú. Es que ni la cara, estás perdiendo todo ese ángel...

Salva enmudece al ver como Juan se queda atónito mirando a Alicia, «La Princesa», que acaba de entrar en escena con pinta de niña buena, aires de despistada y un libro apoyado en el brazo. Salva se levanta de la silla y se recompone para atenderla, en su rol de camarero.

Salva - Buenas tardes ¿desea tomar algo?

Alicia, que también parece haber quedado impactada con Juan, no responde. Salva insiste, mientras entra en el kiosco.

Salva - Además de los típicos refrescos y una cuidada selección de cervezas, tenemos una carta de exquisitos cócteles de creación propia *(ofreciéndole la carta).*

Alicia - Una botella de agua mineral sin gas ¿puede ser?

Salva -Sí claro, para las bellas princesas puede ser... casi todo *(entre zalamero y suspicaz).*

Juan se acerca a la barra, ante la atenta mirada de Alicia.

Juan - ¿Eres nueva?

Alicia - En este barrio, sí *(a Salva)* ¿tienes limones?

Salva - Todos los que quieras *(acercándole el cesto).*

Alicia - Gracias *(toma la mitad del limón que ha dejado antes Juan).*

Juan intercambia una mirada entre cómplice y extrañada con Salva.

Juan - ¿Te vas a poner tú sola?

Alicia - Sí, me pondré por una de estas mesas, voy a estudiar un rato.

Salva - ¡A estudiar se va al colegio!

Juan - ¿Vas a estudiar?

Alicia - Sí, quiero empezar bien el curso, repasar cada día todo lo que se da en clase y preparar un poco lo del día siguiente.

Alicia extrae el jugo de limón en el vaso y después lo llena de agua.

Juan - ¿Tomas agua con limón?

Alicia - Sí, es excelente para eliminar las toxinas.

Juan - No lo dudo.

Salva - Pues mira, princesita, por mí encantado de que hayas venido a mi bar a crear ambientazo, pero me parece que más te va a valer irte a la biblioteca.

Alicia - Pero hace una tarde tan bonita... también apetece salir a tomar el aire.

Juan - Una tarde preciosa.

Salva - Ya, pero es que este pesado no te va a dejar concentrarte.

Alicia sonríe a Juan y se dirige hacia una mesa, adornada con una rosa roja. Juan, acodado en la barra, habla a Salva, sin dejar de mirar a Alicia.

Juan - Es bonita.

Salva - Es una Maripuri.

Juan - Tiene unos labios preciosos.

Salva - Pero no son para ti.

Juan - ¿Qué te apuestas a que sí?

Salva - Una copa.

Juan - Mmm una copa... y un beso. No es mal trato, acepto.

Salva - Pero aquí y ahora, lo tengo que ver con estos ojitos, que ya no me creo tus fanfarronadas.

Juan - Uuuuu ¡qué morboso! si quieres que se lo de aquí, delante de tus morros, tendrás que subir la apuesta.

Salva - ¿Subir la apuesta?

Juan - Una copa para mí y otra para ella... bueno, o las que sean necesarias, que las princesas necesitan su tiempo.

Salva - Ya... vosotros os tomáis las copas que queráis, me las pagáis y, si ganas la apuesta, te devuelvo el dinero.

Juan - ¡Al revés! Tú nos vas poniendo las copas y, si al final no traga, te las pago.

Salva - ¿Me las pagas? ¿y todas las que te tengo apuntadas?

Juan - Este sábado, cuando nos paguen el concierto. Además, te pago a ti las copas, donde tú quieras, hasta que consigas el beso de quien tú quieras.

Juan se dirige a la mesa donde está Alicia, seguro de que su amigo va a acceder a sus condiciones. Salva le mira, como hipnotizado.

Salva - *(Para sí)* Qué paradoja, dejarme emborrachar por alguien que se resiste a sucumbir a mis encantos...

Juan saca un cigarrillo de su cajetilla de tabaco.

Juan - ¿Tienes fuego?

Alicia - ¿Fuego?

Juan - ¿Quieres? *(ofreciéndole un cigarrillo).*

Alicia - No, gracias, no fumo.

Juan - Bien, no fumamos. La verdad es que ya lo he dejado, por eso no llevo ni encendedor, pero me he encontrado este paquete de antes, en el bolsillo de la chupa y he pensado ¿por qué no? por uno, no pasa nada. Así, disfrutándolo, tranquilamente, con una buena compañía... escuchando los pájaros, el olor de las flores... *(toma la rosa roja del florero y la huele).*

Alicia - Me parece que tu amigo tiene fuego, antes le he visto encenderse un cigarrillo.

Juan - Aunque pensándolo bien, tampoco hace falta fumar, para disfrutar de los pájaros, las flores y la buena compañía... Sí, tienes razón, voy a dejar de fumar definitivamente *(deja caer el paquete sobre la mesa).*

Alicia -Muy bien *(sigue leyendo).*

Juan - Debe ser un libro muy interesante.

Alicia - Mucho.

Juan - ¡Pues hace calor! no parece que estemos ya en octubre.

Alicia - Sí *(toma un sorbo de agua).*

Juan - ¿No te da calor el pelo suelto? *(hace un amago de acariciarle el pelo, pero se corta)* si te lo recoges, seguro que *(ella le mira, él tartamudea)* seguro que tienes una nuca preciosa, debajo de esa melena...

Juan está irresistible con el fondo rosado de la puesta de sol. Alicia sonríe alagada, toma el último sorbo de agua y cierra el libro.

Alicia - Ya no queda luz para leer.

Juan - Ni agua ¿quieres que te pida más? *(haciendo una seña con la mano que aún sostiene la rosa)* ¡Salva! *(se sienta al lado de Alicia)* ¿me puedo sentar contigo a tomar algo?

Salva llega rápidamente, quita a Juan la rosa de la mano y la vuelve a poner en el jarrón luego deja el mechero sobre la mesa, con un golpe airado.

Salva - ¡Toma, te has dejado el mechero encima de la barra! parezco tu madre, recogiendo todos los trastos que te vas dejando por ahí.

Juan - Por favor, tráenos algo de beber.

Salva - ¿Qué queréis tomar?

Juan - ¿Qué te apetece? ¿...? ¿cómo te llamas?

Alicia - Alicia.

Juan - ¿Qué te apetece, Alicia?

Salva - Un placer Alicia, yo soy Salva y este es mi kiosco... ¡de las maravillas! mira qué bien, me acabas de inspirar el nombre para el chiringuito, que no tenía. Maravillas. Suena bien, te mereces que te invite a una copa, pide por esa boquita.

Alicia - Muchas gracias, un helado de fresa ¿puede ser?

Salva - Oh, qué pena, se han terminado los helados y como ya se ha pasado el verano, no he pedido más ¿qué tal un batido bien fresquito?

Alicia - Ok, pero de chocolate.

Salva - De chocolate, pero no tengo Okey ¿te vale Puleva?

Alicia - Jaja sí, claro *(ríen los dos).*

Juan - A mí, tráeme un Lepanto Gran Reserva.

Salva - Uy, lo siento, no me queda.

Juan - Entonces un Torres 10.

Salva - Así que son, un batido de chocolate y un Espléndido Garvey ¡marchando! *(se dirige de nuevo hacia el kiosco).*

Juan - *(Leyendo la portada del libro de Alicia) Los Neurotransmisores* ¿de qué va?

Alicia - Psicofisiología.

Juan - Ah *(intentando disimular que se ha quedado igual que estaba).*

Alicia - Estudia la relación entre los procesos biológicos y el comportamiento humano, la química de nuestro sistema nervioso, que nos hace actuar de una forma o de otra...

Juan - Curioso.

Alicia - Apasionante.

Salva -Voilá Madame, voilá Monsieur *(sirviendo las copas).*

Alicia - Muchas gracias.

Salva - Alicia, ¿vives por aquí?

Alicia - Sí, este barrio me queda bastante bien para ir a la facultad de medicina y he encontrado un estudio que no es muy caro, así no tengo que compartir.

Juan - ¿Te gusta vivir sola?

Alicia - Llevo poco tiempo, ¡a ver qué tal! pero la verdad es que estaba harta de discutir por platos sucios y demás tonterías, creo que es mejor buscar la compañía cuando te apetece.

Juan - Claro, yo pienso igual.

Salva - Cuando te aburras de estar sola en tu casa, te vienes aquí a verme, al kiosco de las maravillas.

Juan - O te vienes al ensayo.

Alicia - ¿Al ensayo? ¿eres actor?

Juan - Músico.

Alicia - A mí me hubiera encantado ser cantante, pero me da mucha vergüenza que me miren.

Juan - Nada de vergüenza, te vienes al local y pruebas.

Entra Gina abrazada a Carmelo, detrás el Ratón y el Bodeguillas, y se dirigen hacia la barra.

Salva - ¡Y con todos ustedes, el resto de la banda! *(se va de nuevo hacia su sitio, dentro del kiosco)* Hola, chicos, ¿qué os pongo?

Carmelo - Lo de siempre.

Bodeguillas - ¡Qué fuerte colega! *(a Carmelo)* le levanta mi tronco la piba delante de sus narices...

Ratón - Pero ¿quién? ¿de qué tronco estás hablando? ¡que no me entero!

Bodeguillas - Pues tú, que le levantaste la piba al pavo.

Ratón - Ah, sí.

Bodeguillas - Y todavía el pavo, me pregunta que si quiero una copa...

Salva sirve las bebidas.

Salva - Cuidadito Gina, que el Moderno está convocando audiciones para cantante, a ver si te van a quitar el puesto.

Bodeguillas - Y yo le digo, ey, tronco, antes de que te amontones, que sepas que yo no entiendo, vamos, que no soy un julandrón. Y el otro, dándome palmaditas en la espalda, me dice colegas, colegas, las penúltimas. Yo me 'scojonaba na' más de oírle largar, así que le digo, dabuti, tráeme un gin-tonic.

Ratón - ¡Eres un mangui!

Bodeguillas - ¡Ey, Moderno!

Alicia - ¿Son tus amigos?

Juan - No.

Gina - Cuando quieras te pasas por el contenedor de basura que hay debajo de mi casa, allí tienes tus cosas.

Juan - Bueno, sí...

Ratón - Dame una truja, para hacerme un may *(se sirve él mismo, del paquete que hay sobre la mesa).*

Juan - Vamos... conocidos del barrio.

Ratón - Y otro para mi padre, que está en el paro.

Bodeguillas - ¿Quién es esta preciosidad?

Juan - Te presento a Alicia.

Alicia - Hola ¿cómo estás?

Bodeguillas - Loco por follarte.

Juan - Córtate un poco, ¿no ves que es una señorita?

Bodeguillas - Pues claro que lo veo ¿estás falto? ¿tú crees que me la iba a querer tirar si fuera un pavo?

Alicia - Pues lo siento.

Bodeguillas - ¿Qué sientes tú, maciza? dímelo a mí.

Alicia - Que no está hecha la miel para la boca del asno.

Bodeguillas - ¡Ay va! vaya fiera... no te acerques mucho a esa pantera, Moderno, a ver si te va a arrancar algo.

Ratón - Sí tío, vaya fiera.

Bodeguillas - A lo que estábamos... chachi que yo quería ir de legal, pero es que me lo puso a huevo.

Ratón - Pero ¿quién?

Bodeguillas - El guiri...

Ratón - Ahhh.

Bodeguillas - Pillo el bolso de la Mari pa' ligar un cigarrito y ¿con qué dices que me tropiezo?

Carmelo - No me lo digas, con la cartera.

Bodeguillas - Chachi colega, me la apalanco y miro pa' to' los laos ¡ostia! el maromo que viene pa'ca con las copas. Dejo el bolso y enciendo el truja, lo justo pa' poner la cara de aquí no ha pasao na'.

Ratón - Menos mal que to' los guiris son faltos.

Bodeguillas - Y el otro, con la curda que llevaba, se va a dar la vara al camata, de que le habían dao' garrafón. Si me ves explicándoselo ¡me parto! Ginebra no buena, garrafón. Viene el gorila y la cosa se empieza a poner chuga, así que me bebo la copa de dos tragos y hago como que me ha sentao' mal y me tengo que ir al tigre. Garrafón, garrafón jaja. Me vengo pa' estos dos y le digo a la Maripili que a su colega se le ha ido la olla y le está dando la bulla al barman. Anda, vete a mirar, le digo, tú que chanas más de español, a ver si se lo aclaras. Cojo al Ratón y me lo llevo pa' fuera.

Ratón - Y yo, que pasaba de irme, colega ¡con lo buena que estaba la rubia! y el subidón que me estaba dando la manzanita esa del diablo.

Carmelo - Bueno, entonces, ¿cuánto queréis?

Bodeguillas - Mira, me pasas un par de gramitos, te doy los cuarenta boniatos y ya no te debo na'.

Carmelo - Si tú lo dices... *(saca la mercancía del escote de Gina, donde tenía metida la mano y se la entrega)* pero que sepas que no son esas mis cuentas.

Ratón - ¿Vosotros os vais a poner ahora? *(haciendo un guiño a Gina).*

Carmelo - Nosotros ya nos hemos dado nuestro homenaje *(a Gina)* ¿verdad cariño?

Bodeguillas y Ratón salen de escena.

Gina - Lo que sí me comería, es una manzanita... de postre.

Salva -¿He oído bien, muñeca? *(mientras prepara otra ronda para Juan y Alicia).*

Gina - Hablábamos de tomarnos unas manzanas... que es muy sano, comer fruta de vez en cuando ¿verdad, cariño?

Salva - Dame un par de ellas, luego te las pago, cuando deje esto. ¿Vais a tomar vosotros algo más?

Carmelo - No, ya nos vamos.

Gina - Sí, una botella enorme de agua, que tengo la boca más seca...

Salva - ...Que el chichi de una muñeca.

Ríen Salva y Gina, mientras él le da la botella y ella saca una cajita del bolsillo de Carmelo y de la cajita un tripi, que se mete en la boca, otro que hace ademán de poner en la de Carmelo, quien rehúsa, y lo pone sobre la lengua de Salva, que había extendido como para recibir la comunión.

Gina - ¿Y el otro? no te comas dos, que son un pasote.

Salva - Ponlo en la copa de Juanito.

Gina - Tú da pan a perro ajeno...

Salva - No digas nada que, a ti, buena sombra te cobija.

Salva se dirige a la mesa donde Juan dibuja un esquema en una de las hojas del libro de Alicia, mientras le explica.

Juan - Este es el parque donde estamos y si vas por esta calle, llegas a mi casa, entras al patio y hay una puerta que da a unas catacumbas del tiempo de los romanos. Allí es donde nos escondemos a tocar. Te va a encantar, ya verás, es como entrar en otro mundo ¡un lugar mágico! todo el que entra por primera vez siente como si ya hubiera estado allí hace siglos, en otra vida, en otra dimensión.

Salva -Invita la casa *(deja las copas sobre la mesa).*

Juan - Vaya, estás espléndido esta noche.

Salva - Sí, Garvey.

Juan - *(A Alicia)* ¿Has probado el Lugumba?

Alicia - No, ¿qué es?

Juan - Pues hoy lo vas a probar, ya verás qué rico.

Juan pone un poco de su brandy en el batido de chocolate. Brindan y beben. Salva regresa a la barra y también vuelven Bodeguillas y Ratón, rascándose por todas partes.

Gina - Ayer, con media nada más, me puse como una moto, toda la noche alucinando como una cerda. Tío, me creía que era Alicia en el país de las maravillas, los árboles, las casas... todo era grandísimo y yo era pequeñita, pequeñita, todo el mundo era mucho más grande que yo.

Carmelo - Tampoco hace falta alucinar mucho para eso...

Gina - No te metas conmigo, hasta el Bodeguillas, que es más canis, lo veía mucho más grande que yo *(a Bodeguillas)*

¿te acuerdas de cuando me cogiste en brazos para saltar un charco?

Bodeguillas - No.

Gina - Sí, que te dio el rollo de que eras un caballero andante.

Ratón - Ah sí, que al final, acabasteis los dos en el suelo *(se ríe de ellos, recordando).*

Gina - Pues chachi que, por un momento, te vi con la misma cara que tenía mi viejo cuando yo era chinorris, ahí a gustito, en sus brazos...

Ratón - *(A Bodeguillas)* ¿Y si nos papeamos uno ahora? nos empieza a subir, cuando nos baje lo que nos acabamos de meter, ¿no mola?

Bodeguillas - Por mí dabuti, pero se tiene que enrollar Carmelo, porque yo ya me he quedao sin viruta.

Salva sale del kiosco con una escoba y empieza a movilizar al grupo.

Salva - Venga chicos, a recoger, que hay que irse de marcha.

Gina - ¡Venga, que te ayudamos!

Gina, Carmelo, Bodeguillas y Ratón colaboran con Salva quitando las mesas y cerrando el kiosco, mientras Alicia y Juan siguen su conversación, como si el resto del mundo no existiera. Eso sí, antes de que le retiren la mesa, Juan se asegura de volver a guardar su paquete de tabaco y su mechero y también el capullo de rosa rojo, que se pone en un ojal de su chaqueta. Solo quedan sus dos sillas por recoger.

Juan - Algún día seré un gran músico, capaz de hacer vibrar a millones de cuerpos pegados, sudando al mismo ritmo, enredados en una vorágine de bailes y de besos. Después moriré, aún joven, en la cumbre, como Sid.

Alicia - ¿Quién?

Juan - Vicious, de Sex Pistols

Juan se levanta y empieza a cantar. Salva retira la silla que ocupaba.

Juan - And now, the end is near
And so I face the final curtain
You cunt, I´m not a queer
I´ll state my case, of which I´m certain
I´ve lived a life that´s full
I've traveled each and every highway
And more, much more than this
I did it my way

Regrets, I´ve had a few
But then again, too few to mention
I did, what I had to do
And saw it through without exemption
I planned each chartered course
Each careful step along the highway
And more, much more than this
I did it my way

Alicia aplaude y se levanta. Gina, retira su silla.

Suenan aplausos y música trepidante. Todos bailan en proscenio, arropados por psicodélicas luces de colores y estroboscópicas. Juan y Alicia salen de escena y más tarde, cuando acaba el tema, todos los demás.

ESCENA SEGUNDA

Estamos en el mismo lugar que antes. Es completamente de noche y las luces de las farolas se descomponen en los colores del arcoíris, formando círculos concéntricos. Se oye el ruido de la música y la gente que está aún en el concierto. Entran Alicia y Juan riéndose a carcajadas, descompuestos, revolcándose y haciendo piruetas.

Alicia - Ay, qué blandita está la tierra, mira, si doy un salto llego hasta el cielo.

Juan - Cuidado, que te puedes quemar.

Alicia - ¿Por qué?

Juan - ¿No ves que están lloviendo chispas? si subes al cielo, te abrasas.

Comienzan a verse puntos de luz, que caen suavemente.

Alicia - *(Muy seria)* ¿Dónde me has traído?

Juan - Estamos en otro sitio, Alicia. Eres una niña muy traviesa, te has dejado llevar y has caído en la madriguera.

Alicia - ¡Claro! estamos en el quiosco de las maravillas *(buscando inquieta)* ¿dónde está el conejo?

Se miran y estallan en risas desmesuradas. Juan siente la necesidad urgente de decir algo y hace increíbles esfuerzos para parar los músculos de su cara. Al fin, casi lo consigue y pregunta, mientras aún sujeta con fuerza sus mejillas.

Juan - ¿Me das un beso?

Alicia - ¿Un beso? *(muchas más risas)* yo lo único que sé en este mundo es que no existe nada de lo que nos han querido hacer que desde que se habita en un estado vegetal se requiere mucho más esfuerzo para conservar la propia esfera de la integridad tal y como todo lo que resuena en el universo ha sido expuesto a la radiación de los sentimientos más infructuosos.

Alicia lo dice todo seguido y acaba de hablar porque se queda sin aire, no porque haya concluido ningún pensamiento coherente. Juan responde en el mismo tono.

Juan - Porque la eternidad de los arpegios que conforman ciertas superficies absolutamente planas no tiene su fundamento por el contrario los cuerpos celestes profundamente enraizados en la necesidad de formar un ecosistema regular y coherentemente hidráulico que lo resista... ¡qué paranoia! ¿qué te estaba contando?

Alicia - Me estabas diciendo una cosa que no tiene nada que ver aunque la profundidad del perímetro es de todos modos lo único que importa.

Juan -¿Qué has dicho antes de espejo? es que estaba pensando en otra cosa.

Alicia - ¿En qué?

Juan - Que si me das o no me das un beso.

Alicia - *(Se parte de risa)* Jajajaja ¿un beso? mira, mira, mira, no puedo parar de dar vueltas *(girando sobre sí misma, con los brazos en cruz).*

Juan - ¡Estás loca, nos vamos a quedar sin combustible! espera, que te ayudo.

Alicia - Uyhbnb kjhug kuhjd jhghb lkk fcdes ajhgfgfc.

Juan - *(Por fin, consigue cogerle las manos y comienza a girar con ella)* ves, ya no pasa nada ¿nos besamos ahora?

Intentan besarse, pero es demasiado difícil, debido al movimiento. Sufren desencuentros y vuelven a reírse. Luego vuelven a intentarlo, muy serios, pero no pueden. Son como dos imanes que intentaran unirse por el polo del mismo signo.

Alicia - ¿Cuándo vas a parar de reírte, de una vez?

Juan, se para de repente y la suelta, dejándola caer al suelo y se esconde detrás de un árbol. Alicia viéndose sola, se pone a llorar desesperadamente, mientras llama y busca a su amigo.

Alicia - ¡Juan, no me dejes aquí sola! yo no te he hecho nada, no quería decir nada. De verdad, te lo prometo, no voy a decir mentiras nunca más, no voy a decir ya nada nunca. Pero ¿qué es lo que he dicho? *(le vuelve a dar la risa)* ¡estoy loca! ¡mamá! ¿dónde estoy? Yo pecador me confieso a Dios Todopoderoso, Creador del Cielo y de la Tierra.

Surge del árbol una gran serpiente de colores que se arrastra, hasta casi rozarla.

Alicia - Ahhhhh de todo lo visible y lo invisible, creo, creo, creo...

Cada vez está más angustiada y ya no recuerda las palabras de la oración. De pronto, ve claramente que, quien se está arrastrando por el suelo en forma de serpiente, es Juan.

Alicia - ¡Deja de hacer el tonto, que me da miedo!

Juan -El día que comas del fruto del árbol prohibido, se abrirán tus ojos y serás como una diosa, conocedora del bien y del mal *(tentador, con una gran manzana de tonos brillantes, que acaba de aparecer sobre su mano).*

Alicia - Bah, yo no me creo ya nada del bien y del mal.

Juan - ¿No? entonces, ¿en qué crees?

Alicia - Soy una sacerdotisa de la santa legión del placer y el dolor. Mi libro ¿dónde está mi libro? tengo que estudiar y me estás haciendo perder el tiempo.

Juan adopta la pose de un perrito fiel, que husmea entre la hierba, a cuatro patas, hasta encontrarlo. Lo coge entre sus dientes y se lo lleva a Alicia. Ella se lo arranca de la boca.

Alicia - ¡No lo chupes, cerdo!

Juan - Te has vuelto a equivocar conmigo, princesa, no soy ningún cerdo...

Juan canta algunos versos de la canción Quiero ser tu perro, *de Parálisis Permanente.*

Juan - Ahora quiero ser tu perro,
Ahora quiero ser tu perro.
Ahora quiero ser tu esclavo,
Tenerte cerca y hacerte daño.

Alicia - *(Abre su libro y comienza a leer en voz alta)* La transferencia de información codificada de una neurona a otra se lleva a cabo en las sinapsis mediante la secreción de sustancias llamadas neurotransmisores, a través de la membrana...

Juan - ¡Ah, sí! la palabreja de antes, los neurotransmisores ¿qué eran?

Alicia - Sustancias químicas que produce nuestro cerebro, gracias a las cuales percibimos sensaciones *(Alicia se da cuenta de que Juan no la está escuchando, sino que permanece distraído con cualquier bobada)* ¡no me distraigas más o suspenderé por tu culpa! *(sigue leyendo)* cada neurona puede tener numerosas conexiones sinápticas, por lo que puede ser estimulada por muchas otras neuronas. Las interacciones de los impulsos generados producen potenciales excitatorios e inhibitorios...

Juan - Para ya, que me estoy mareando.

Alicia - ¿Te encuentras mal?

Juan - Fatal, me da vueltas todo.

Alicia - ¿Te duele la cabeza?

Juan - No, creo que es el hígado, mira, es aquí donde me duele.

Alicia - Sí, ahí está el hígado y te duele porque en este momento hay neuronas en tu cerebro que se están pasando neurotransmisores especializados en la sensación de dolor.

Juan - Pues, que dejen ya esas neuronas de jugar a la pelota con los neurotransmisores, que me están haciendo polvo.

Alicia - *(Encantada con su discurso y sin hacerle mucho caso)* Imagínatelos, son como la música, como un concierto dentro de tu sistema nervioso, notas desesperadas que arrancan sus quejas mudas a unos bailarines, presas de esas melodías silenciosas ¿los ves? Mira cómo se retuercen, míralos, un, dos, tres, son un ejército de impulsos nerviosos.

Alicia baila alucinada, mientras Juan se retuerce por el dolor, cada vez más intenso.

Juan - ¡No puedo más!

Alicia - Cálmate, *(acercándose a él)* no te preocupes, ya está aquí Alicia, dulce caricia.

Comienzan a ser partícipes de la misma alucinación, que ahora se hace también visible para el público: unas bailarinas envueltas en telas brillantes y vaporosas de color rosado, llenando la escena con sus pasos, a ritmo de vals.

Juan - Estoy delirando.

Alicia - No te asustes, son mis hadas madrinas, las endorfinas que suavizan el dolor que produce el roce continuo con la vida. Ven, te las voy a presentar, son otoño, invierno y primavera.

Ambos se mezclan entre las bailarinas y, después de unos pasos, quedan bailando emparejados y rodeados por ellas.

Juan - ¡Qué subidón me está dando, de endorfinas de esas!

Alicia - Mira, ya está amaneciendo.

Juan - Estás preciosa, ahora sí que te voy a besar.

Se besan larga y pausadamente, hasta que aparece la panda que venía del concierto, Gina, Salva, Bodeguillas y Ratón. Las bailarinas se van.

Gina - ¡Ajajá, os pillé!

Salva - Juanito, tú siempre ganas.

Ratón - ¿Dónde os habéis metido?

Bodeguillas - ¿No estabais en el concierto?

Alicia - Sí, un rato, luego nos hemos venido al parque...

Juan - ... A tomar el sol.

Gina - Ya veo, ya.

Alicia - Muy bueno para sintetizar la vitamina D *(se parte de risa ella sola).*

Gina - Pues yo me lo he pasado dabuti, dando botes en primera fila hasta el último bis ¿verdad Ratón? *(Gina se abraza al chico y él se deja hacer).*

Salva - Paso al kiosco a prepararme un café ¿alguien quiere?

Bodeguillas - Yo me apunto ¿vienes Ratón?

Ratón - Lo que diga La Muñeca.

Alicia - Uy, yo me voy ya, que empieza mi clase dentro de nada.

Juan - ¿Ya me abandonas?

Alicia - Cuídate.

Ratón - Prefiere que le cuides tú ¿verdad Modernito? jeje.

Alicia - Ya le he cuidado bastante por hoy, tampoco es bueno malcriarlos.

Gina - Ya ves, les tenemos muy mal acostumbrados.

Juan - Bueno, bueno, no empecemos.

Ratón - Como si ellas fueran unas santas.

Gina - Esclavas y mártires.

Juan y Ratón comienzan a entonar unos acordes de la canción Quiero ser santa *de Parálisis Permanente, se unen Bodeguillas y Salva que salen del kiosco con sus tazas de café y Gina canta.*

Gina - Quiero que cuando me muera
Mi cuerpo quede incorrupto
Y que todos los que me vean
Queden muertos de susto
Quiero ser santa
Quiero ser beata
Quiero ser santa
Quiero ser beata

Alicia aplaude.

Alicia - Bueno chicos, lo dicho, hasta otra, que la obligación está antes que la devoción.

Gina - Oh, qué pena, ya pensaba que podrías ser mi amiga, no hay chicas que se enrollen por aquí.

Alicia - Podemos vernos otro día.

Gina - ¿Mañana?

Alicia - Mañana tengo que hacer compras y organizar la casa nueva.

Gina - Te ayudo.

Alicia - Vale.

Gina - ¿Me apuntas tu teléfono? *(le ofrece el dorso de su brazo).*

Alicia - *(Escribiendo)* El teléfono y la dirección.

Juan - ¿Y a mí no?

Alicia - Sí, claro, *(se lo apunta también a Juan)* nos vemos *(se va).*

Gina - *(Haciendo burlas)* La obligación antes que la devoción.

Juan - Eres una bruja.

Gina - *(Sonríe satisfecha y mete la mano en el bolsillo del pantalón de Juan)* ¿Me das?

Juan - ¿Qué quieres?

Gina - ¿Qué quiero? lo sabes muy bien.

Juan - De momento, toma el cigarro. Era eso, ¿no?

Juan saca un cigarrillo, lo enciende y se lo pone a Gina en los labios. Ella aspira profundamente y después de soltar el humo, se queda con los labios en posición de recibir un beso.

Gina - ¿No me vas a dar nada más?

Bodeguillas - Oye, ¿por qué no lo discutís en casa, que aquí hace biruji?

Ratón - Yo me voy ya, que me estoy congelando *(emprende la retirada)* ¿venís, o qué?

Gina - Pues yo me muero de calor.

Juan - A lo mejor tienes fiebre.

Gina - Seguro que sí ¿me quieres tomar la temperatura? *(coge la mano de Juan y la lleva a su sexo).*

Juan - Me estás provocando.

Gina - Eso es lo que quiero, provocarte, volverte loco, cambiarte la cabeza y el corazón de sitio.

Gina y Juan se van, jugueteando. Detrás Ratón. Bodeguillas hace ademán de irse, pero Salva le retiene.

Salva - Yo que tú, me largaba de aquí.

Bodeguillas - Que se larguen ellos, este es mi barrio de to' la vida.

Salva - Pero ellos son la ley.

Bodeguillas - ¡Bah! solo son cuatro monos hijos de puta.

Salva - Será mejor que tengas cuidadito.

Bodeguillas - Oye, ¿con quién estás? ¿no serás tú el soplón?

Salva - Sin faltar ¿eh? te lo digo por tu bien, que dejes esos rollos, que te estás buscando la ruina. No sé qué os dará ese puto caballo, que no sabéis pensar en otra cosa.

Bodeguillas - ¡Anda, la monjita de clausura, como que tú no te pones hasta el culo!

Salva - Pero de blanquita, el burro ni lo toco y yo, por lo menos, lo que me meto, me lo pago con mi esfuerzo, que no paro de currar.

Bodeguillas - ¿Y eso qué? tú eres parte de la misma mierda, un julandrón que no se atreve a salir del armario y se pasa la vida hasta el culo de perico.

Salva - Bodeguillas ¡que tú estabas fichado ya antes de nacer! porque tu padre, el tío Bodegas, que Dios le haya perdonado...

Bodeguillas - ¿Qué pasa ahora con mi viejo?

Salva - Nada hombre, nada.

Bodeguillas - ¿Cómo que nada? ¿me vas a tratar de tonto ahora, o qué? mi padre era un grandísimo borracho, no lo vamos a negar y el tuyo un pastillero.

Salva - No te metas con mi padre, el pobre, que tiene depresión.

Bodeguillas - Pues eso, que se pone fino de pastillas, con el cuento de la depresión.

Salva - Bodeguillas... me voy a dormir, que ya no me funciona la pelota.

Bodeguillas - ¿Qué pasa, que no te quedan ya más pilas? *(gesto de sorber la nariz, tapando alternativamente cada uno de los orificios).*

Sale cada uno por un extremo del escenario, Bodeguillas, por donde salieron Ratón Gina y Juan y Salva se va por el mismo lado que se fue Alicia.

ESCENA TERCERA

Tres ambientes paralelos: el aula donde Alicia recibe sus clases, la casa de Gina y el espacio donde continúa el baile que ya tuvo lugar durante la escena anterior.

En la clase de Alicia, el profesor explica la lección, apoyándose en un esquema de sinapsis neuronales dibujado en la pizarra. Alicia cabecea, hasta rendirse en brazos de Morfeo.

Profesor - Muchas sustancias químicas provocan efectos similares a los mediadores naturales, por ejemplo, los opiáceos como la morfina o la heroína, que tienen una estructura molecular parecida a las endorfinas segregadas por nuestro organismo, pueden introducirse en sus receptores neuronales inhibiendo los impulsos dolorosos y provocando un aumento brusco de la sensación de placer.

Una bailarina rosada —representante de las endorfinas— se dirige al auxilio de un bailarín vestido de negro, que se retuerce de dolor. Baila alrededor de él.

Gina, Juan, Bodeguillas y Ratón entran en la casa, donde se masca el olor a suciedad y a heroína. Todo está desvencijado y caótico. Atraviesan un largo pasillo de habitaciones abiertas y oscuras, llegan al fondo y suben por una escalera de tambaleante barandilla, hasta un lugar abuhardillado. La codiciada jeringuilla está sobre una mesita, que aún conserva restos de comida, papeles y un trozo de espejo roto, tan lleno de porquería, como todo lo demás. Gina enciende una luz íntima, rojiza, y apaga la luz general.

Juan - Escuchad, tengo en la cabeza una nueva canción.

Ratón - Venga, canta, que te acompañamos.

Juan comienza a cantar y los demás hacen coros e improvisan con algún instrumento de los que hay por allí o golpean rítmicamente cualquier objeto a su alcance.

Juan - Esperamos con los pelos de punta
El rayo divino que nos haga sucumbir
¡Suicidio colectivo!
Nos metemos por la vena la paz

Que no nos dejas gozar, en tu mundo podrido
¡Suicidio colectivo!
Viviendo cada instante, no creo en tu futuro
Trabajar sin descansar ¿para qué?
¡Suicidio colectivo!

Juan - ¿Qué os parece? ¿la montamos para el concierto del sábado?

Gina - *(Poniendo el contenido de una papelina, sobre una cuchara)* Pásame el mechero.

Ratón - Toma, yo tengo un trozo de limón que me sobró de antes.

Gina - Vaya guarrería... trae, anda.

Bodeguillas - ¿Habéis pillao' alguna máquina?

Gina - Yo tengo una nueva, pero me pongo primera.

Bodeguillas - Es que esa está despuntada ¡antes me hice una escabechina!

Ratón - La habrás despuntao' tú ¡con el callo que tienes!

Bodeguillas - Es que, con esta luz no se ve na colega ¡qué chungo! no me ligaba la vena ni pa' la ostia.

Gina - Pásame un filtrín.

Ratón - No sé de dónde.

Gina - Había un trozo de algodón por ahí.

Bodeguillas - ¡Como pa' encontrarlo!

Ratón - ¡Si está to' lleno mierda!

Bodeguillas - Podías limpiar un poco, rica, en esta casa te despiertas descalzo por la mañana y te quedas pegao al suelo.

Gina - También podías limpiar tú.

Bodeguillas - ¿Yo? a mí no me han enseñao'.

Gina - Ni a mí.

Ratón - Qué casualidad, tenía por aquí un cigarrito.

Gina - Pues déjame el filtro.

Bodeguillas - Y dame a mí el tabaco, que me voy haciendo un join mientras se pone esta pesá'.

Ratón - Gina, toma el filtro, luego me lo guardas, que los junto.

Bodeguillas - Jejej, pa' los tiempos de vacas flacas.

Gina - Venga Moderno, te dejo que te pongas tú primero, para que veas cuánto te quiero ¿te lo pones o te lo pongo yo?

Juan - No, yo no quiero, si acaso, por la nariz.

Gina - A buenas horas, ya está todo en la cuchara.

Juan - Bueno, pónmelo tú.

En el momento en el que Juan toma esta decisión, aparece otra bailarina vestida de una forma muy provocativa en tonos miel y dorado, que entabla una lucha, en competencia por su pareja, con la que bailaba anteriormente vestida de rosa.

Gina - Súbete la manga.

Juan - Mmm ¡qué saborazo!

Gina - ¿Te sube?

Juan - Dame otro bombeo.

Bodeguillas - Está bueno, ¿verdad? *(pasándole el porro a Juan)* toma, dale caña *(a Gina)* ¿te ayudo?

Gina - No hace falta, yo me sé poner solita.

Bodeguillas - Sí que sabes, sí, y repartir, también se te da de puta madre... quien reparte, reparte...

Gina - Mira, no me hagas hablar...

Bodeguillas - Venga, venga, no te enrolles, date prisa, que me estoy agobiando.

Gina - Pues no te agobies tanto y no me agobies a mí, que no es el momento. Aprende del Ratón, mira cómo no rechista. Ratoncín, bonito, tráeme un vasito de agua.

Ratón - Jolín Gina ¡qué morro tienes! venga, te lo traigo *(lo hace).*

Gina - *(Pasándole a Bodeguillas los artilugios)* Toma ansioso, que todo llega en esta vida.

Gina - Mira qué a gusto se ha puesto el Juanito, que no dice ni pío ¡qué cabrón! pero si se ha dormido...

Llegados a este punto, la bailarina en tonos dorados que había entrado en escena en último lugar, ya le ha ganado la batalla a la primera.

Vuelve a tomar presencia el aula donde dormita Alicia sobre su pupitre, con la mano en posición de tomar apuntes, mientras el profesor sigue explicando.

Profesor - Ante esta sobreestimulación exógena, el organismo responde frenando la producción del neurotransmisor, pues no le hace falta ya realizar este esfuerzo para cubrir la función inhibidora del dolor. De este modo, administrando la misma cantidad de la droga, solo obtendremos el efecto que antes se producía de modo natural y, si se pretende volver a tener esa sensación de placer de forma artificial, solo será posible aumentando considerablemente la dosis de la sustancia simpaticomimética.

La adicción es la prolongación de este proceso de tolerancia. Si, ante un cuadro de adicción, se retira bruscamente el suministro de la droga, el sujeto presentará el síndrome de abstinencia, con fuertes sensaciones dolorosas, ya que su organismo ha paralizado la síntesis natural de las endorfinas encargadas de inhibir los impulsos dolorosos. Además, por la propia toxicidad de la droga, se van produciendo daños importantes en los órganos vitales, que muchas veces son irreversibles, lo que a su vez está aumentando las causas de ese dolor, que el drogodependiente acalla con una nueva dosis de la droga a la que es adicto, en lugar de tratar la enfermedad convenientemente.

ACTO II

ESCENA PRIMERA

La habitación de Alicia está casi vacía, apenas tiene los muebles más básicos: una cama, una mesilla donde descansan el cuaderno, la pluma, el teléfono y la lámpara. También hay una silla y un escritorio con un flexo, algunos libros, un reloj despertador y una jarra llena de café. Alicia duerme. Suena el teléfono.

Alicia - ¿Diga?

Gina - Hola, soy Gina.

Alicia - ¿Gina?

Gina - ¿No te acuerdas? anoche, bueno, esta mañana me diste tu teléfono...

Alicia - Sí, sí, claro, perdona, que estoy medio dormida.

Gina - Si quieres, te llamo más tarde.

Alicia - Uy, si ya son las seis, habíamos quedado para ir a comprar...

Gina - Venga, acabo unas movidas que tengo que hacer y me paso a buscarte.

Alicia - Ok, mientras llegas, aprovecho para estudiar un rato.

Alicia cuelga el teléfono, se prepara un café y se sienta ante el libro abierto, pero lejos de centrarse en la tarea, su mente asciende irremediablemente dirigida por su mirada, que se eleva como atraída por un hilo invisible que pendiera de una nube. Finalmente, convencida de que no le es posible concentrarse, vuelve a la cama para refugiarse en el cuaderno y la pluma, anotando palabras que va diciendo en voz alta.

Alicia - Beso, sabroso, salado, sudor, sábana, éxtasis, pasión, besar, lágrimas, saliva, silbante, serpiente, sagrada, salir, soledad, subir, saborear, soñar...

Suena el teléfono de nuevo.

Alicia - ¿Sí?

Juan - Soy Juan ¿qué tal? ¿has estudiado ya mucho?

Alicia - La verdad es que no... me tienes demasiado revuelta.

Juan - ¿Quieres que vaya a verte?

Alicia - No lo sé.

Juan - Pero yo sí.

Alicia - ¿Tú sí sabes si yo quiero?

Juan - Yo sí quiero ir a verte.

Alicia - No sé, si debo fiarme de lo que tú quieres.

Juan - ¿Por qué?

Alicia - Porque no sé dónde me llevas.

Juan - ¿Qué quieres decir? a mí no me líes, voy a verte y me lo explicas.

Alicia se queda pensativa, con el teléfono en la mano. Después, un impulso la lleva a retomar la escritura.

Alicia - Un manantial de burbujas, tengo en mi vientre. Me suben a la cabeza y se enredan con mis pensamientos. Tal vez, pare la noria que tengo en mi cerebro, cuando tu mano se vuelva a posar sobre mi cuerpo.

Suena el timbre de la puerta, Alicia se pone una bata sobre el camisón y abre. Entra Juan.

Alicia - ¡Qué rapidez! no me ha dado tiempo ni a vestirme...

Juan - Mejor.

Alicia - ¿Quieres un café?

Juan - ¿Y si me pongo más nervioso?

Alicia - Pues no tengo otra cosa que ofrecerte.

Juan - Sí tienes *(la estrecha entre sus brazos y la besa).*

Alicia - *(Se separa e intenta hablar)* ¿Qué pasó anoche?

Juan - Que nos conocimos.

Alicia - Ya ¿y después?

Juan - Que nos seguimos conociendo...

Alicia - Es extraño, no recuerdo casi nada de lo que ocurrió anoche, sólo que me liaste para que fuera contigo a un concierto y nos dieron las siete de la mañana en un parque. En medio, no tengo más que sensaciones...

Juan - ¿Buenas o malas?

Alicia -Agradables... creo... pero otras no...

Juan - Agradables... vamos a quedarnos con las agradables *(intenta volver a abrazarla).*

Alicia - *(Separándole, entre precavida y coqueta)* ¿Te conozco de algo?

Juan - Menos de lo que te gustaría.

Alicia - Pues ahora mismo, me siento como si te conociera desde siempre.

Juan - Siempre es muy poco tiempo para poder conocernos y disfrutarnos, princesa *(ahora es Alicia quien intenta abrazarle y él la detiene)* espera, espera... *(saca de algún lugar un capullo de rosa rojo y se lo entrega)* ¡Magia!

Alicia - ¡Tanta magia me asusta! *(se ríe).*

Juan - ¿Qué pasa?

Alicia - Me acabo de acordar de aquel, que le dice a la otra ¿quieres ver cómo hago magia? te echo unos polvos mágicos y desaparezco.

Juan - Yo no desaparezco.

Alicia - Yo sí *(va en busca de un recipiente con agua para su flor).*

Juan - ¡Qué grande es tu casa!

Alicia - No tanto, lo parece porque está medio vacía.

Juan - Te puedo traer el póster de nuestro grupo, para la pared.

Alicia - ¡Qué bien! me dejé los cuadros que tenía en la otra casa, porque ya no me gustaban. Ahora tengo que llenarlo todo de cosas nuevas *(duda si poner la rosa sobre la mesa o sobre la mesilla).*

Juan - A mí ¿dónde me vas a poner? también soy algo nuevo para ti... tengo varias posibilidades... *(jugando)* aquí puedo ser un jarrón *(rasga sus ojos)* ...chino, o aquí, un reloj muy cuco, cu-cu, una escultura de Adonis...

Alicia - ¡Creído!

Juan - O te puedo servir como espejo *(haciendo el reflejo de los gestos de Alicia).*

Alicia pone la flor sobre la mesilla. Juan coge a Alicia en sus brazos y la deja sobre la cama.

Juan - O el rayo de sol que te despierta por las mañanas y el de la luna que te arrulla por las noches *(se tumba junto a ella).* Alicia, creo que te voy a querer mucho.

Comienzan a girar en su burbuja de enamorados, mientras la luz se retira, discreta, del espacio que ellos ocupan, para iluminar una nueva danza de las bailarinas rosas. Luego vuelve a iluminarse el dormitorio donde Juan, de pie, se abrocha los pantalones y Alicia le reprende con una actitud entre princesa ofendida y juguetona.

Alicia - *(Desde la cama)* Ves, lo que tú querías era hacerme magia.

Juan - No, de verdad, luego vuelvo.

Alicia - No, si te vas ahora, no vuelvas jamás.

Juan - No digas tonterías, ¿no comprendes que tengo que ir a casa?

Alicia - ¿A qué?

Juan - A cenar.

Alicia - Invítame.

Juan - Vente.

Alicia - ¿Qué hay de cena?

Juan - Callos.

Alicia - No me gustan, no vayas.

Juan - A mí tampoco me gustan demasiado, pero mi madre se empeña en que los hace por mí y no puedo decepcionarla.

Alicia - No trates de convencerme, aquí lo único que ocurre es que me cambias por un plato de callos.

Suena el timbre.

Alicia - Abre.

Juan - ¡Qué corte! ¿quién puede ser?

Alicia - Abre, seguro que es Gina.

Juan - Ten cuidado con Gina.

Alicia - ¿Y contigo no?

Juan - *(Abriendo)* Hola Muñeca.

Gina - Ey, Moderno, ¡qué sorpresa!

Juan - He venido a tomarme un cafetito ¿quieres tú uno? Alicia, te importa que le ponga a Gina un café?

Gina - ¿Un café a las nueve de la noche? No, gracias, ya he desayunado.

Alicia - ¡Las nueve! Ya no nos da tiempo a ir a comprar.

Gina - Lo siento, me he liado... pero vamos, que tampoco te veo a ti muy preparada... aquí, todavía con el desayuno. Así que, nada, me voy, os dejo desayunando.

Alicia - No, si parece que yo he terminado ya de desayunar.

Juan - Bueno, yo soy el que se va, que llego tarde a cenar.

Alicia - Sí, corre, que se te enfrían los callos.

Gina - ¿Callos? Jaja, ten cuidado Moderno, que de lo que se come, se cría *(señala el lugar del brazo donde se inyectan la heroína).*

Juan se va y se quedan las dos solas.

Gina - No te hagas muchas ilusiones con El Moderno.

Alicia - ¿Le conoces mucho?

Gina - ¿Tienes una cerveza?

Alicia - Solo café.

Gina - ¿Salimos a tomar algo?

Alicia - ¿A estas horas? tengo mucho que estudiar.

Alicia - Bueno, es pronto todavía... pero una cervecita, para irnos entonando. Además, he quedado con Carmelo en el Tierra. ¿Sabes si se va a pasar luego Juan, por allí?

Alicia - Ni idea, no me ha dicho nada.

Gina - Siempre se pasa después de cenar.

Alicia - Pues venga, salimos, si quieres.

Gina -¿Qué te vas a poner?

Alicia - No sé, lo que llevaba puesto hoy, esta falda y esta chaqueta *(la ropa que descansa sobre el respaldo de la silla).*

Gina - *(Abriendo descaradamente el armario)* ¿A ver este vestido?

Alicia - No es un vestido, es una blusa un poco larga.

Gina - Bueno, es un poco ancha, pero cantidad de guapa, te puede quedar bien con este cinturón.

Gina se quita uno de los que lleva puestos en la cadera y le tira a la cama las dos prendas. Alicia se lo pone y se levanta.

Gina - ¿A ver qué tal con estas medias? *(Saca del bolso unas medias negras de rejilla se las da y luego revuelve un poco más en el bolso)* uf, se me ha olvidado la cartera ¿tú tienes algo de pasta?

Alicia - Sí, yo tengo.

Gina - Podíamos pillar juntas ¿tú te pones?

Alicia - ¿Qué?

Gina - Que... ¿por qué te pones unas faldas tan largas, con las piernas tan bonitas que tienes?

Alicia - Que va, no son bonitas, demasiado larguiruchas.

Gina - Que no, boba, tienes un tipo precioso, mira yo, con estas tetas que me hacen gordísima. Por eso, siempre tengo que llevar ropa ajustada, para que se note que son las tetas y no parezca que estoy gorda en general.

Alicia - ¿Qué dices? tú estás muy bien.

Gina - Entonces ¿me puedes dejar dos talegos?

Alicia - ¿Talegos?

Gina - Dos napos, mañana te los devuelvo (...) dos mil pesetas.

Alicia - Sí, sí, claro, toma.

Alicia le da el dinero y, a sus espaldas, Gina hace un gesto de felicidad por haber logrado su objetivo. Salen.

ESCENA SEGUNDA

A ritmo de Sheena is a punk rocker *de Los Ramones, Gina y Juan transforman la casa de Alicia, llenan las paredes de fotografías de grupos punk y el suelo de grandes cojines, ensucian y desordenan. Bailan y se revuelcan por el suelo y por la cama, cantan y tocan instrumentos, que dejan desparramados por la habitación. Luego salen y entra Alicia con un vestido muy corto y ajustado.*

Suena el timbre. Baja la música. Alicia abre y entra Gina, llevando puesta la camisa de Alicia, abierta, a modo de chaqueta.

Alicia - Pasa, estoy aquí, probándome unas cositas que me he comprado ¿te mola el vestido? ¿no te parece que debería tener más escote? ... aunque, para lo que tengo yo que enseñar... seguro que a ti te queda mucho mejor ¿quieres probártelo?

Ante la falta de respuesta, Alicia vuelve su mirada hacia Gina.

Alicia -¿Qué haces? ¿estás llorando? ¿estás llorando de verdad? ¿qué te pasa? ¡dime algo!

Gina - Estoy embarazada.

Alicia - No.

Gina - Sí.

Alicia - Ven, siéntate ¿te traigo algo? ¿algún antojo en especial?

Gina - No estoy para bromas.

Alicia - El sentido del humor es lo último que se pierde.

Gina - ¡Follar con los hombres es una mierda! al final, van a tener razón las viejas cuando dicen que la mujer siempre lleva las de perder. Toda la vida inflándote a pastillas porque a los señores no les gusta ponerse condón y en un descuido, mírame, inflada como un globo y con dolor de tetas a todas horas.

Alicia - A ver... ¿se te han puesto más grandes? *(Se las toca)*

Gina - Lo estoy pasando fatal.

Alicia - ¿Será un niño o una niña?

Gina - ¿Quieres dejar de joderme?

Alicia - Vamos a ver, vamos a pensar ¿qué vamos a hacer?

Gina - Abortar.

Alicia - ¿Seguro?

Gina - Me muero de miedo... ¿dónde está El Moderno?

Alicia - En el hospital, con su padre, que está ingresado.

Gina - Voy a decírselo.

Alicia - ¿Ahora?

Gina - ¿Eres feliz con él?

Alicia - Me gusta mucho.

Gina - Y a mí.

Alicia - ¡Gina!

Gina - Princesita ¿por qué no bajas de la nube de vez en cuando y te enteras de lo que nos ocurre a los mortales que estamos a tu alrededor? Juanito es una mariposa demasiado inquieta, no se conforma con chupar de una sola flor. Está contigo porque le conviene ¿no te das cuenta? porque le tienes aquí calentito y bien alimentado y así no tiene que aguantar al borracho de su viejo echándole la broca porque no es capaz de ganarse el pan que se come. Y conmigo, porque le tengo la vena contenta.

Alicia - Pero ¿qué me estás contando?

Gina - ¿Te creías que eras la única? ¡qué ingenua eres!

Alicia - ¿Cómo te has podido estar llamando amiga mía?

Gina - No tiene nada que ver, a mí me gusta estar contigo, de verdad, eres distinta a toda la gente que he conocido. En ti se puede confiar.

Alicia - Y en ti, ¿se puede confiar? ¿cómo puedes venir a mi casa a decirme que te gusta el hombre que vive conmigo?

Gina - Quiero a ese hombre desde mucho antes de que aparecieras tú y tengo dentro un hijo suyo.

Alicia - A lo mejor no es suyo, puede ser de Carmelo o del Ratón o de... ¡quién sabe!

Gina - ¿Ya te da igual si será un niño o una niña? Desde que empecé a presentir el embarazo, fantaseaba en silencio con la idea de si sería un niño o una niña, abrazada a Juan, me olvidaba del mundo, de ti. Solo era una hembra junto a su macho, un animal cumpliendo el ciclo de la vida. Con ese sueño, me quedaba dormida, pero cuando abría los ojos, él estaba ya aquí contigo, otra vez.

Alicia - ¿Por qué no me lo has dicho antes?

Gina - Esperaba no tener que decir nada, que no fuera verdad. Te veía tan ilusionada jugando a las casitas, que no quería pincharte el globo. Quiero a Juan y a ti también te quiero, Alicia.

Alicia - Eso es incompatible.

Gina - Siempre he pensado que ser feliz junto a una persona, no te da derecho a pretender que esa persona no sea feliz con nadie más. No soy de nadie y nadie me pertenece.

Alicia - No entiendo nada.

Gina - Yo tampoco lo entiendo ya, ahora siento de otra manera. Este pequeño bichito que llevo en mi vientre me ha cambiado toda entera. Intento salir con otros chicos, pero no puedo, lo que no ha conseguido nunca el padre, lo ha conseguido el hijo. Juan nunca ha soportado que yo me vaya con otros, pero así es la vida, tengo derecho a conseguir en otra parte lo que no me da él. Por eso no me ha importado que él consiga de ti lo que no le puedo dar yo.

Alicia - ¿Cómo habéis sido capaces de engañarme de esta manera?

Gina - Parece mentira que sepas tanto de los libros, pero que no tengas ni idea de la vida.

Alicia - ¿Me vas a enseñar tú lo que es la vida?

Gina - Yo tampoco sé nada de la vida, solo que tengo miedo de engordar y desfigurarme. La gente solo me busca cuando tiene ganas de divertirse y yo me estoy convirtiendo en un muermazo, hecha polvo todo el día y echando potas a todas horas.

Alicia - ¿Conoces alguna clínica? yo me puedo enterar...

Gina - Nos hacen creer desde pequeñitas que hemos venido al mundo para tener hijos, pero nadie nos explica que sea tan complicado, que haya que luchar con tantas cosas.

Alicia - Este no es el momento adecuado para que tengas un hijo Gina, no sabes ni cuidar de ti, ni organizar tu vida.

Gina - Tienes razón, no tengo ningún futuro ¿verdad? tú también lo piensas ¿sabes lo que me gustaría hacer? tirar una bomba y salir corriendo, para que os fuerais todos a tomar por culo, para que no quede nadie que pueda hacerme más daño.

Alicia - A mí lo que me gustaría, es salirme del mundo y espiar por un agujerito, para ver lo que pasa, sin estar en medio, sin tener que enfrentarme a estas cosas. Cualquier sitio sería mejor que estar aquí, viviendo con un chico que está arruinando su vida y la mía y encima, que mi amiga esté embarazada de él.

Gina - ¡Odio a los hombres! ¿por qué siempre tienen que tener ellos todo?

Alicia - Porque se lo damos.

Gina - Pues sí, además desde chiquititos, las madres les cuidan y les consienten más que a nosotras.

Alicia - ¡Gran error! con muchos menos hombres, la especie humana subsistiría igual.

Gina - Chachi que sí, con muchos menos problemas.

Alicia - ¿Te imaginas? tenerlos clasificados, como en una exposición y nosotras eligiendo: este para hoy, este para mañana, este tan cachas me va a subir las bolsas de la compra todas las semanas y a este tan mono, me lo llevo una semanita al Caribe, para que me unte el bronceador.

Gina - ¿Te importa que me lleve un rato a este que tienes aquí, para que me haga un hijo?

Alicia - Para nada, llévatelo, pero devuélvemelo pronto, que quiero que me haga un hijo a mí también, tiene buenos genes.

Gina - ¿Ya no tienes celos?

Alicia - ¿Celos? ¿por qué? es ley de vida, todas queremos que nuestros hijos y nuestras hijas, sean los más listos y los más guapos.

Gina - Y los que no nos sirvan para nada, ¡a los leones! como en el Imperio Romano.

Alicia - Para no tener que dar de comer a tanto gandul.

Gina - Ya... pues tú, estás dando de comer a tremendo holgazán y encima, te enfadas porque no lo mantienes tú sola.

Alicia - Pon los verbos en pasado, ya no me importa nada de esa persona.

Gina - ¿Desde cuándo?

Alicia - La verdad es que llevaba ya un tiempo a disgusto y lo de hoy ha sido ya lo último. Ahora, en serio, la fidelidad es importante para mí. Yo le he sido fiel.

Gina - Entonces, ¿por qué tienes tanto interés en buscarme una clínica? ¿en decirme que no es el momento para que tenga un hijo? para ti, no es el momento de que yo tenga un hijo con Juan.

Alicia - No seas paranoica ¡te lo puedes quedar para siempre! ¿crees que me asusta romper esa relación? pues no, ¡me libera! ya estoy harta de tenerle siempre detrás, como un perro. No puedo hacer nada, no tengo tiempo para mí, para estudiar, para leer, para escribir, para cuidarme, siempre está él en medio, con sus exigencias.

No me importa nada quedarme sola, ya veo que en la vida te vas encontrando con personas a quienes puedes querer... solo un rato, vivir la ilusión de ser felices juntos. Pero la realidad es que cada uno es responsable de su propia vida y hay que afrontarlo.

Gina - Yo no tengo por qué afrontar nada, a mí no me preguntó nadie si quería para algo una vida. Hay que pensárselo mucho, antes de traer un hijo al mundo, a sufrir. Mi madre se lo tendría que haber pensado.

Alicia - La verdad es que yo me alegro de que mi madre no se lo pensara, creo que me gusta sufrir, casi tanto como divertirme. Necesitaría siete vidas, de setecientos años, para hartarme de vivir, de saber todo lo que quiero, de conocer a los demás y a mí misma.

Gina - No sabes lo terrible que es estar a solas conmigo misma, alguien que no soportas como es y de quien no te puedes librar... a menos que me libre de mí misma. A veces, pienso que preferiría vivir en un manicomio, que me dieran pastillas para estar durmiendo todo el día.

Alicia - ¡No! tienes que hacer algo con tu vida, trabajar, ordenar tu casa, cantar... desde que os conocí, no os he visto ensayar ni un solo día.

Gina - Se fueron el batería y el teclados.

Alicia - ¡Y se están hinchando a dar conciertos! Gina, eres muy guapa, tienes una voz preciosa, no quiero verte tan triste, tienes que salir adelante.

Gina - Yo sola no puedo.

Alicia - Me tienes a mí, puedo ayudarte.

Gina - Me cuesta creer que alguien pueda hacer algo por mí.

Alicia - Soy tu amiga, te quiero.

Gina - El amor, la amistad... un plato delicioso que solo dura el tiempo de desearlo, prepararlo, comértelo digerirlo y alejarlo de ti convertido en otra cosa... ¡en mierda!

Alicia - Seré una ingenua, pero yo sigo buscando el amor por todas partes. Sueño con él desde que me recuerdo, en aquellas largas horas de mi infancia. Pasaba horas y horas jugando yo sola, deseando compartir con alguien los castillos en la arena de la playa, las caricias de las olas en la piel. Llámame cursi, pero me creía lo de encontrar un príncipe azul para ser su princesa...

Gina - Yo, sin embargo, he sido siempre una muñeca, algo con lo que puedes entretenerte un rato. Me desean, me compran, me rompen. No le importo a nadie.

Alicia - A mí me importas *(le da un abrazo largo y profundo).*

Gina - Hace tiempo que no me abrazaba así nadie.

Alicia - Me siento culpable.

Gina - ¿Por qué?

Alicia - Por separarte de Juan.

Gina - Tú no tienes la culpa, la tiene él.

Alicia - No estaba tan ciega como para no darme cuenta de que entre vosotros dos había algo importante. Pero tú... ¡te los llevabas a todos de calle! siempre tan guapa, tan divertida, tan atractiva. No sé, me hacía sentir de algún modo superior, el que Juan me eligiera a mí, pudiendo quedarse contigo.

Gina - Yo también te hubiera elegido.

Después de estas tiernas declaraciones y dada su proximidad física, no pueden reprimir el impulso de besarse y acariciarse.

Gina - Mmm ¡qué sensación tan especial! cuando estás embarazada, te vuelves mucho más sensible... tu olor, el brillo de tu mirada, tu piel suave, como de porcelana... siento, como si fuera la primera vez que me acariciaran, que yo acariciara.

Alicia - Yo siento lo mismo ¿no me habrás contagiado el embarazo?

Gina - No creo, será que has cogido el virus por tu cuenta.

Alicia - Pues, en este momento, no podría jurar que no.

Gina - Guau, ¡qué morbo! dos embarazadas haciendo el amor.

Alicia - Embarazadas del mismo hombre.

Gina - ¡Esto hay que celebrarlo! tengo una papelina en las tetas y ya me está quemando.

Gina se saca la heroína del sujetador y comienza a prepararla.

Alicia - ¿Sabes que la heroína es abortiva?

Gina - Mejor, si tengo que abortar, al menos, que sea disfrutando.

Alicia - Gina...

Gina - ¿Qué?

Alicia - Deja esa mierda ya de una vez.

Gina - Sí, cuando pase todo esto.

Alicia - ¡Excusas!

Gina - Ahora no tengo fuerzas.

Alicia - Y después, ¿vas a tenerlas?

Gina - Si tú me ayudas.

Alicia - ¡Ahora, yo te ayudo ahora! tíralo, no te lo pongas. Las cosas no se pasan solas, como un viento que llega y se va. Eres tú quien tiene que tomar las riendas de tu vida, afronta la realidad.

Gina - La realidad es que estoy embarazada y no puedo tenerlo, tú misma lo has dicho. Has dicho también que el caballo puede solucionarme el problema ahora mismo ¿te parece que no estoy afrontando la realidad?

Alicia - Gina, hay otras maneras de hacerlo.

Gina - Sí, pero no están a mi alcance.

Alicia - Yo puedo intentar reunir la cantidad necesaria.

Gina - Alicia, no tienes la obligación de resolver todas mis cosas, no puedo endeudarme ya más contigo.

Alicia - De verdad, que no me importa.

Gina - ¿Y después? ¿te dejará en paz tu conciencia? ¿y yo? ¿podré dejar de acusarte de poner todos los medios para que no vea la luz este ser que no te viene nada bien, porque el padre es tu novio?

Alicia - ¡Qué difícil me lo pones!

Gina - Ya... ¡qué difícil lo tengo! así que, de momento, me lo voy a poner un poco más fácil *(continúa con los preparativos)* ¿quieres probarlo?

Alicia - Me da mucho miedo.

Gina - Por una vez no pasa nada, hasta la tercera no te enganchas, te lo digo yo.

Alicia - Nunca he soportado que me pongan inyecciones, ni que me saquen sangre.

Gina - ¿Y estudias medicina?

Alicia - Es lo que querían mis padres...

Gina - ¿Ellos son médicos?

Alicia - No, no ¡qué va!

Gina - Pues, al menos, serán enfermos.

Alicia - Me especializaré en psiquiatría, a ver si llego a entender algo de todo esto. No quiero tener que manejar instrumental y tengo una idea muy distinta de la salud y la enfermedad de lo que se da en la facultad o de lo que te dicen cuando vas al médico.

Gina - Venga, déjame el brazo.

Alicia - ¡Me dan miedo las agujas!

Gina - No la mires, mírame a mí, que tengo los ojos muy bonitos.

Alicia - Esta noche he soñado contigo, no me acordaba. Yo estaba hundiéndome en unas arenas movedizas ¡qué angustia! ya me llegaban al pecho y no podía salir de ninguna manera. Tú estabas en la orilla, preciosa, pero inmóvil. Yo gritaba tu nombre para que vinieras a ayudarme, pero ni siquiera podías oírme, eras de mármol.

Gina - ¿Lo notas?

Alicia - Todo me da vueltas, me están entrando ganas de vomitar.

Gina - No te cortes, ya verás qué bien te quedas luego.

Alicia sale corriendo, aguantando una arcada. Gina se inyecta a sí misma.

Gina - ¡Que sea lo que dios quiera!

Gina se va recostando sobre unos cojines, bombeando su sangre con la jeringuilla. Luego se queda inmóvil, sin sacar la aguja de su vena. Entra Alicia, en brazos de las bailarinas de color miel, arropadas por una melodía muy dulce, hasta que la depositan suavemente sobre el lecho.

Alicia - Ahora sí que estoy en la gloria.

Alicia queda como adormilada y la luz desciende. Luego abre los ojos y empieza a reconocer la figura que yace sobre los cojines.

Alicia - ¿Qué hace mi blusa ahí tirada? si yo no la he sacado, hace mucho que no me la pongo *(acerca su mano para tocarla)* pero si lleva una chica dentro... Gina...

La acaricia, hasta que su mano tropieza con la jeringuilla que aún cuelga del brazo. Se levanta de un salto.

Alicia - ¡Gina!

Alicia enciende la luz. Las bailarinas desaparecen. Alicia toma el pulso a Gina y comienza a practicarle un masaje cardíaco. Gina reacciona emitiendo un terrible grito, mientras lleva sus manos al vientre, retorciéndose de dolor.

ESCENA TERCERA

En un cementerio, Juan, Salva y Ratón, están sentados sobre una tumba. Suena el tema de Parálisis Permanente Adictos a la lujuria *(solo instrumental).*

Ratón - ¡Vaya muermo!

Juan - ¿Qué hacemos?

Salva - Toma, hazte otro porro.

Juan - La vida cuesta mucho, la muerte es mucho más agradecida.

Ratón - Dame también tabaco, papel y mechero, ya pongo yo el filtro...

Salva - Y los pulmones, ja ja.

Juan - Tiene que durar un soplo.

No lo siento.

No me aferraré a la vida.

No tendré tiempo de amarla.

Salva - ¿Es una canción nueva?

Juan - Es una canción de eterna.

Alicia - *(Entrando)* Lo siento mucho ¿Cómo ha sido?

Juan - Le clavó un cuchillo en el corazón. Rompió el cristal de la tienda para coger el cuchillo y se lo clavó en el corazón.

Alicia - Eso ya lo sé, lo sabe todo el mundo, pero ¿qué pasó? ¿por qué lo hizo?

Salva - Eso no lo sabe nadie.

Entra Gina cantando sobre la base instrumental de Adictos a la lujuria.

Gina - Llevo treinta días sin luz,

Encerrado en este ataúd.

Tumbado, soñando en mi celda,

Es mentira, ¡es una pesadilla!

Ratón - Yo estuve con él toda la tarde. Me lo encontré, llevaba varios días sin verle.

Salva - ¿Varios días? ¡pero si erais uña y carne!

Ratón - Ya tío, ¡pero es que lo de la farmacia ya fue muy fuerte! maquiné yo toda la movida, me lo curré todo y luego me la lio y no vi ni una rula.

Salva - Joe.

Ratón - Él quiso hacer las paces y me llamó a mi keli. Bueno, eso me dijo él ayer. Pero mi vieja no me dijo nada, no quería que me hablara con él.

Salva - Normal, a tu madre le ha tocado ir a dar la cara a comisaría más de una vez.

Ratón - Ya ves, no le quería ver ni en pintura.

Juan - Se la estaba buscando.

Salva - Yo ya se lo dije.

Juan - Y el otro día, que me quería vender aspirina machacada, diciendo que era caballo blanco... ¡a mí!

Ratón - Pues ayer, cuando me lo encontré, me regaló medio gramito. Me metí en el tigre del Tierra para ponerme un poco y cuando salí, ya no estaba, se lo había llevado ya la ambulancia. Cuando se lo empezaba a hacer de enrrollao', va y la palma.

Salva - ¿Te queda algo de jaco?

Ratón - Si tú no te pones.

Salva - Sería la única forma de poder dormir. Desde que me lo dijeron anoche, todo el mundo me ha estado invitando a rayas de perico para darme el pésame y yo, sin parar de hablar... de cuando éramos pequeños... él me defendía siempre en las peleas y yo me camelaba a las pibas para pasárselas a él. He profanado ya todos nuestros recuerdos y solo quiero descansar, llevo más de treinta horas sin pegar ojo ¡no puedo más!

Ratón - Ni yo, tronco, esta mañana me he puesto a llorar en brazos de mi madre, como si fuera un bebé.

Gina - Yo también llevo toda la vida viéndole, no me puedo creer, que ya no vaya a estar más.

Juan - ¡Ya no pasa más un mono!

Ratón - Bueno, me abro, le he dicho a mi madre que llegaría pronto. Toma, Salva ¿no querías polvo? *(le da la papelina)* yo ya no me voy a poner más.

Alicia - Salva, no lo hagas.

Salva - Tienes razón *(esparce la heroína sobre la tumba de Bodeguillas y se va).*

Juan - ¡Qué haces!

Alicia - Yo también tengo que irme.

Juan - Voy contigo.

Alicia - No, prefiero estar sola.

Juan - Si me necesitas, llámame.

Alicia - Te llamaré para que vengas a recoger tus cosas.

Alicia se va y quedan solos Juan y Gina, atrapados en un denso silencio, hasta que Gina se decide a romperlo.

Gina - Me quedé embarazada.

Juan - ¿Qué?

Gina - No te preocupes, ya está solucionado.

Juan - ¿Cómo?

Gina - Con un buen chute, como se arreglan todas las cosas.

Juan - ¿Por qué no me dijiste nada?

Gina - ¿Para qué?

Juan - También era mío ¿no? ¿era mío?

Gina - Adiós *(hace ademán de irse y Juan la retiene).*

Juan - Ese niño podía habernos cambiado la vida.

Gina - Pobrecito, no merecía cargar con ese trabajo.

Juan - Podía haber sido muy fuerte, un Juanito chiquitito... o una Muñequita coqueta...

Gina - No me faltaron ganas de tener entre mis brazos a un Juanito chiquitito, que pudiera tener siempre conmigo, que se dejase querer. Sentí dentro la vida, una vida que podía haber crecido y que yo estaba ahogando, igual que mi propia vida. Una vez más, eché una pala de arena sobre mi propio sepulcro. Me siento tan asfixiada, sin fuerzas. Necesito respirar aire puro, litros de oxígeno puro ¿sabes lo que dice Alicia? que, si tomas una gran cantidad de oxígeno, te colocas. Eso es lo que necesito, una sobredosis de oxígeno.

Se hace el oscuro.

ACTO III

ESCENA PRIMERA

Alicia está intentando estudiar, pero no se concentra. Suena el timbre. Abre y entra Juan.

JUAN - Vengo a recoger mis cosas.

ALICIA - ¿No podías haber elegido otro momento?

JUAN - Bueno, como no me has llamado... algunas ya me hacían falta.

Alicia intenta estudiar mientras Juan intenta llenar la mochila con sus pertenencias.

JUAN -¿Quieres quedarte el póster del grupo?

ALICIA - ¿El grupo?

JUAN - Sí, el de nuestro grupo.

ALICIA - Ah, se me había olvidado que teníais un grupo... nunca os escuché tocar.

JUAN - Entonces me lo llevo ¿no?

ALICIA - ¡Pues no, me lo regalaste!

JUAN - Nunca te lo dediqué *(saca un rotulador y escribe).*

ALICIA - ¿A ver? ¿qué has puesto? ¿un número de teléfono?

JUAN - Por si alguna vez quieres llamarme.

ALICIA - Gracias, pero ya lo tenía.

JUAN - Ah, ¿sí? pensaba que no... como nunca me has llamado...

Alicia - Nunca me ha dado tiempo... antes de pensar en querer verte, ya estabas aquí.

Juan - Por eso, como ya no voy a estar...

Alicia - Tengo hambre ¿te apetece comer algo?

Juan - No tengo hambre.

Alicia - *(Desde la cocina)* Por cierto, ¿dónde pusiste la sartén nueva que compré? Que no la encuentro y quiero freír un filete.

Juan - Si quieres lo preparo yo.

Alicia - Tú tienes que hacer la maleta.

Juan - Y tú tienes que estudiar.

Alicia - Ya no me da tiempo.

Juan - ¿Cuándo tienes el examen?

Alicia - Mañana a primera hora.

Juan - Inténtalo, tienes toda la noche.

Alicia - He tenido casi un curso entero y no he hecho nada.

Juan - ¿Tengo yo la culpa?

Alicia - Sí.

Juan deja la sartén sobre el fuego y continúa recogiendo sus cosas.

Alicia - ¡Huele a quemado!

Juan va corriendo a retirar la sartén del fuego.

Alicia - ¡Eres un inútil!

Juan - ¿Qué puedo hacer?

Alicia - Ya me da igual, ya te lo he dicho demasiadas veces. Ahora solo me importa lo que tendría que hacer yo y no hago, sacar buenas notas como he hecho toda mi vida.

Juan - Yo he intentado ayudarte para que aprovecharas el tiempo, he ido a la compra, he hecho la comida, he fregado los platos, te he preparado la bañera...

Alicia - Yo no me puedo concentrar cuando hay alguien alrededor cacharreando y abriendo grifos.

Juan - Eres una egoísta.

Alicia - ¿Egoísta? lo he compartido todo contigo, mi casa, mi dinero, mi tiempo.

Juan - Adiós, Alicia.

Alicia - Ahora no te vas, tú no me dejas así. No te he llamado, pero ya que has venido, me lo vas a escuchar todo.

Juan coge su mochila y se dirige hacia la puerta. Alicia cierra con la llave que estaba puesta en la cerradura y después la saca. Juan intenta coger la llave. Forcejean. La lucha los lleva a quedar abrazados y comienzan a besarse.

Juan - Bueno, te escucho un poco y luego me voy, que mañana tienes examen a primera hora...

Alicia - Bueno, escúchame un par de polvos mágicos y luego te vas.

Vuelven a envolverles las bailarinas rosadas, mientras ellos están juntos en la cama. Luego desaparecen las bailarinas y Juan con ellas. Alicia, dormida, se agita incómoda. Suenan truenos y chaparrones. Alicia se despierta. Enciende la luz.

Suena el teléfono y lo descuelga, apenas se escucha el primer tono. Es Salva, sollozando.

Alicia - ¿Qué pasa?

Salva - Gina, está...

Alicia - ¡Muerta!

Salva - ¿Cómo lo sabes?

Alicia - Me desperté de pronto, con una pesadilla.

Alicia - Soñaba que estaba en medio de una tormenta.

Salva - Hay tormenta, estoy calado hasta los huesos.

Alicia - Entraba un vendaval por la ventana de mi casa y lo destrozaba todo, las cosas volaban, chocándose con las paredes.

Salva - Vengo de intentar reconocer su cuerpo.

Alicia - ¿Cómo que intentar?

Salva - Ya no era ella, la encontraron destrozada, en la vía del tren. Metieron los trozos en bolsas de basura.

Alicia - ¿Cómo me dices eso por teléfono?

Salva - No me lo podía tragar yo solo. En realidad, llamaba para ver si estaba Juan...

Oscuro.

ESCENA SEGUNDA

Los bailarines vestidos de negro traen todas las cosas que caracterizan a Gina, su ropa, sus botas, sus medias, su cazadora de cuero, la blusa de Alicia que se ponía algunas veces, y lo van dejando desperdigado por toda la casa, sobre el escritorio, la silla, el suelo, etc. Cambian la rosa roja que había permanecido en el vaso sobre la mesilla por una flor seca y encorvada. Juan está tirado sobre unos cojines y Alicia poniendo un vestido negro.

Alicia - Ven.

Juan - Te queda muy bien ese vestido.

Alicia - Abróchame la cremallera *(se acerca a él).*

Juan - *(Insinuante, mientras le acaricia sutilmente la espalda)* ¿Seguro?

Alicia - Pues claro, hemos quedado con Salva ¿a qué esperas para vestirte?

Juan - No tengo ganas.

Alicia - ¿Y de qué tienes ganas?

Juan - Dame un beso.

Se besan.

Juan - Por favor, sé buena, déjame algo de pasta.

Alicia - Me das asco.

Juan - Gracias.

Alicia - Juan, ya no puedo soportarlo, mírate cómo estás, blanco como la pared *(mira a su alrededor)* bueno, ya quisiera la pared.

Juan - ¿Has visto pared? ¡aprende!

Alicia - No me divierte.

Juan - A la princesa ya no le divierte su bufón, que ha perdido la risa, que ha perdido el color.

Alicia - Está mudo el teclado de su clave sonoro y en el vaso, olvidada, se desmaya una flor.

Alicia tira a la papelera la rosa marchita.

Alicia - ¿Te acuerdas del chiste del mago?

Juan - ¡Te echo unos polvos y desaparezco!

Alicia - Y si no desaparezco, es la magia, la que desaparece.

Juan - Te quiero.

Alicia - No te creo.

Juan - Eres lo único que me une a este mundo.

Alicia - Cada vez menos.

Juan - Lo estoy pasando mal.

Alicia - Yo quiero ayudarte, pero parece que tú solo deseas hundirte. Coge mi mano y sal de esta mierda, pero no tires más de mí, yo también lo estoy pasando mal.

Juan se levanta haciendo un gran esfuerzo y la abraza, se besan.

Juan - Me encantas, estás preciosa.

Juan comienza a sentirse muy mal, se lleva la mano al costado derecho, se retuerce de dolor.

Alicia - ¿Qué pasa?

Juan - Me duele.

Alicia - ¡Vamos al médico!

Juan - Déjame dinero.

Alicia - No, no para que te destroces.

Juan - ¿No ves que no puedo ni moverme? Dámelo, solo es uno más, después iré al médico. Lo voy a dejar, te lo juro.

Alicia - ¿Me das tu palabra de yonky?

Juan - En serio, mañana lo dejo, mañana vamos al médico si quieres.

Alicia saca de su bolso un billete y se lo tira al suelo.

Alicia - No soporto más este espectáculo, no me voy a quedar a ver como acaba.

Juan - Te lo voy a pagar todo.

Alicia - ¿Me vas a pagar el dolor de ver que la persona que quiero, aunque la tenga delante, no está? siempre poseído, ausente.

Juan - Sí estoy, estoy aquí contigo.

Alicia - Yo me siento muy sola, será mi destino, la soledad me persigue desde que me recuerdo. Las personas a mi alrededor son solo pinceladas de distintos colores que llenan unos días, horas en las que dejo de ser yo y mi mundo, para convertirme en lo que cada otro quiere que yo sea.

Juan - Yo no quiero que seas otra cosa que tú misma, te quiero como eres.

Alicia - Yo ya no quiero, no lo puedo evitar. Querer es una fuerza irracional que me nace dentro y, mientras vive, no me deja pensar por mi cuenta, me arrastra hasta llegar al otro dentro, pero ya no soporto lo que te queda a ti dentro. Tengo frío, aquí dentro tengo mucho frío *(se pone una chaqueta).*

Fuera, está la luna completamente llena, me voy a aullar mi pena.

Suena el timbre y Juan se levanta de un salto para abrir. Entra Carmelo. Alicia hace ademán de salir, pero suena el teléfono, vuelve para contestarlo y escuchamos la conversación que mantiene con su madre, mientras Carmelo vende heroína a Juan.

Alicia - ¿Diga?

Carmelo - Hola Moderno.

Madre (off) - Alicia...

Alicia - Hola mamá

Juan - ¿Quieres tomar algo?

Madre (off) - ¿Cómo estás hija?

Carmelo - Llevo prisa.

Alicia - Bien ¿y vosotros?

Juan - Siéntate.

Madre (off) - Pues aquí muy bien, como siempre.

Carmelo - ¿Cuánto quieres?

Madre (off) - ¿Qué haces?

Alicia - Estudiando.

Madre (off) - ¿No has terminado el curso todavía?

Juan - Dame un gramito.

Alicia - Me falta entregar un trabajo.

Carmelo le da la papelina y Juan el billete. Carmelo se queda con el dinero en la mano, esperando.

Madre (off) - Pues tu amiga Rosa ya está aquí hace una semana, ha llamado varias veces preguntando si habías llegado. Sus padres le han regalado un coche nuevo por sacar buenas notas y está deseando enseñártelo. Y tus notas ¿qué tal?

Juan - Luego te doy lo que falta

Alicia - Bastante mal, me van a quedar algunas.

Carmelo - Te estás pasando.

Madre (off) - ¿Mal? pero hija ¿qué ha pasado? ni siquiera has venido a vernos desde hace meses, para quedarte estudiando.

Alicia - Mamá, he tenido muchos problemas.

Juan - Ahora mismo iba Alicia a sacar del cajero.

Madre (off) - ¿Problemas? lo que me faltaba por oír. Hija mía, si estás a capricho ¿qué problemas vas a tener tú, a tu edad? ¡si te damos todo lo que necesitas!

Carmelo - Bueno, luego me paso.

Carmelo se va y Juan se pone a preparar su inyección.

Madre (off) - Problemas son lo que tengo yo, entre tu padre y tú, que me vais a quitar la vida ¿a ver cómo le digo ahora esto? me faltó el tiempo, para convencerle de que te dejara ir a vivir sola, porque la niña no podía estudiar bien con las compañeras. Y ahora mira, no has sido capaz de cumplir con tu obligación. Pues te vas a pasar castigada todo el verano, olvídate ya de las vacaciones.

Alicia - Mamá, no digas tonterías.

Madre (off) - No, todo lo que yo digo son tonterías.

Alicia - No, perdona, es que me estoy poniendo muy nerviosa, no me regañes ahora.

Madre (off) - Está bien, está bien, ya hablaremos, sigue haciendo tu trabajo.

Alicia cuelga y se va dando un portazo. Juan queda solo, aun bombeando sangre con la jeringuilla, mientras una música dulzona acompaña la coreografía de bailarinas color miel que surgen de todas partes y lo mecen, se lo pasan de unas a otras. Reconocemos a Gina, que se ha transformado en una de ellas.

Gina - Ven, ven, ven.

Juan - Agua.

Gina - Ven.

Los bailarines le llevan a coger un vaso de agua. Pero antes de conseguir dar un trago, le abandonan y salen corriendo de escena. Juan cae al suelo.

ESCENA TERCERA

A oscuras, se oyen las voces de Alicia y Salva llegando a casa, entre carcajadas.

Alicia - ¡Cuánta falta me hacía una noche de cancaneo!

Salva - Qué muermo Juanito, no querer venirse.

Encienden la luz y descubren el cuerpo de Juan tendido en el suelo. Alicia se acerca y le toma el pulso.

Alicia - Está muerto.

Salva - No, Juanito no está muerto.

Alicia - No tiene pulso, no respira, no le late el corazón.

Salva - ¡Juanito no está muerto!

Alicia - Agua, agua, necesito beber agua, cuando estoy mal, mi padre siempre me da un vaso de agua ¿quieres agua?

Salva - Sí por favor, con limón, con mucho limón. Agua con limón. Eso es lo que tomaste cuando te conocí. Agua con limón y heroína era lo que se metió Juan por la vena justo antes de que llegaras.

Alicia - ¿Ya se ponía cuando le conocí?

Salva - ¿Qué te creías?

Alicia - No sé, yo no me enteraba de nada, no sabía nada de drogas. Bueno, lo que me explicaban en clase nada más. Pensaba que las estabais empezando a probar, casi a la vez que yo, o poco antes. Al principio no le di mucha importancia, soy tolerante, me gusta que cada uno haga lo que le guste. A mí no me entusiasmaban, pero si vosotros os divertíais, ¿qué mal podría haber?

Salva - ¡Ya no pasa más un mono!

Alicia - Esta vez ha sido sincero, se ha puesto por última vez.

Salva - Mira qué carita de ángel, parece que lo está pasando bien.

Alicia - ¡Me ha destrozado la vida!

Salva - Saldrás de esta.

Alicia - ¿Cómo? tengo un muerto en mi casa, un muerto por sobredosis de heroína. ¿qué hago ahora? si se enteran de esto mis padres, me matan. El piso está alquilado a nombre de mi padre.

Salva - Tendrás que ir a la policía y explicarles que has metido a un heroinómano en un piso alquilado a nombre de tu padre...

Alicia - Yo no tengo nada que ver con esto, yo me separaba de él y él siempre volvía.

Salva - Yo me acercaba a él y él siempre se iba.

Alicia - Le he querido, pero no lo suficiente para salvarle.

Salva - Sal de aquí.

Alicia - ¿Qué?

Salva - Vete a casa de tus padres, yo me ocuparé de todo.

Alicia - ¿Qué vas a hacer?

Salva - Déjame una llave, ya veré qué hago.

Alicia - ¿Qué vas a decir?

Salva - Confía en mí, inventaré una coartada que no te comprometa.

Alicia - ¿De verdad? toma la llave, te lo voy a agradecer toda la vida.

Alicia sale apresuradamente, llevando consigo poco más que lo puesto. Salva abraza el cuerpo de su amigo, llorando sobre él.

Salva - Lo ves Juanito, al final has caído en mis brazos, lástima que te pillo con tan pocas fuerzas. Te lo he dicho siempre, las drogas hay que saber utilizarlas, pero no dejar que te utilicen.

Salva encuentra un cuaderno y lo abre.

Salva -¿Es tuyo? *(comienza a leer, como quien lee un cuento a un niño para que se duerma)* Surcando la tarde rosa y oro, conocí aquel país donde todo es irreal. Allí la tierra es esponjosa como las nubes y de sus árboles caen incesantemente puntos de luz que, al tocar el suelo, se desintegran, dejando flotar su aroma en el aire. Me deslicé hasta allí y dejé que mis pies desnudos corrieran sobre la hierba hasta caer extenuada. Entonces, me paré a contemplar como las flores miraban frente a frente a las estrellas, desde su encantadora pequeñez.

Súbitamente, una de ellas, alimentada por un rayo de la luna, creció hasta convertirse en un duende con piel de porcelana y vestido de luz, que me explicó entre sollozos: se nos ha caído el sol, antes, todos éramos felices porque se sabía que él cuidaba nuestras vidas. Se nos dijo, pero se nos defraudó. No era tan poderoso, se lo tragó la Tierra. Ahora, solo existe esa tirana que no nos dice lo que quiere de nosotras, pero que nos azota si violamos su voluntad. No sabemos caminar porque siempre habíamos permanecido quietas, esperando de su aurora, la gracia que llenara nuestras horas. No sabemos qué hacer con el tiempo ni con el cuerpo...

(Cierra el cuaderno y lo deja caer) No, esto no lo has escrito tú. Se ve. No es tu estilo. Esa chica no es tu estilo. Está hecha de otra pasta, no es como tú y como yo, como Gina... ¡pobre Gina! No has podido soportar que se fuera ¿y yo? ¿podré soportar que te vayas tú? Juan, ya no tengo que disimular lo que siento, era feliz cada vez que te dejaba una novia, porque volvías a mí, a refugiarte en nuestra complicidad. Desde que éramos niños, ¡siempre tan ligón! Te dejaba con-

tarme que eras tú el que te habías cansado, aunque sabía que no era así. Ellas te dejaban, Juan, como te acaba de dejar esta última princesa, porque ninguna ha sabido entender al bebé sensible y tierno que escondías detrás de toda esa máscara de chico malo. Aquí, el único que no te ha dejado, ni te dejará, en esta vida, ni en ninguna otra, soy yo. Juan, antes de que nos enfriemos para siempre, tengo que confesarte que, al menos, mis lágrimas son felices por haber podido rozar hoy tus labios.

Queda Salva sollozando sobre el amado cuerpo inerte, mientras se hace el oscuro.

FIN

EATING LEXATING

PERSONAJES

(Por orden de aparición)

DOCTORA

BASILIA

GERTRUDIS

VIOLETA

PEDRO

CUADRO PRIMERO

La acción sucede a principios del siglo XXI. Una doctora se viste la bata blanca y organiza las cosas en su consulta. Luego sale a buscar a su primera paciente.

Doctora - ¿Basilia López?

Entra Basilia, una señora de unos sesenta años, que camina con dificultad, apoyándose en una garrota.

Basilia - Servidora.

Doctora - Buenos días, señora.

Basilia - Buenos días, doctora.

Doctora - Siéntese, por favor. A ver Basilia, cuénteme, ¿qué le pasa?

Basilia - ¡Ay doctora! yo no sé lo que me pasa que, por la mañana, no puedo ni tirarme de la cama.

Doctora - ¿Querrá decir levantarse?

Basilia - Querré decir tirarme, a ver si me escogorcio ya del todo ¡que no puedo más con esta tortura!

Doctora - A ver, dígame, ¿qué siente? ¿dónde le duele?

Basilia - Las rodillas, me chasquean y no puedo sujetarme. Tengo que usar la garrota para poder levantarme. Y mire, se me pone un dolorcillo aquí... salva sea la parte... ¡y un picor! menos mal que con la garrota... *(ademán de rascarse)*

Doctora - ¿Y esto le pasa a usted muchas veces?

Basilia - Si doctora, todos los días. ¡una desazón!

Doctora - ¿Aunque use la garrota?

Basilia - Si doctora, con la garrota no es suficiente, necesito algo más...

Doctora - ¿Algo más?

Basilia - Pues sí, algo más...

Doctora - Pues dígame ¿cuál es el problema?

Basilia - Que mi marido no puede...

Doctora - Entonces, ¡es gordo!

Basilia - Oiga, que mi marido no es gordo.

Doctora - Digo, que es gordo el problema.

Basilia - Y no solo el problema.

Doctora - Entonces, ¿también es gordo el marido? no me aclaro.

Basilia - Ya le he dicho que no, que mi marido no es gordo.

Doctora - Entonces, ¿tiene usted un problema, pero no tiene usted un gordo?

Basilia - ¡Pues claro que tengo un gordo!

Doctora - A ver si me entero... como su marido no puede, se ha buscado usted un gordo.

Basilia - Noooo, yo no me lo he buscado.

Doctora - ¿Se lo ha encontrado?

Basilia - ¡Me ha salido!

Doctora - ¿Le ha salido un amante gordo?

Basilia - ¡Que noooooo!

Doctora - *(Aparte)* Esta mujer me va a volver loca *(a Basilia)* ¿pues entonces, cual es el problema?

Basilia - ¡Me ha salido un grano, que es bien gordo!

Doctora - ¿Qué grano? ¿pero que ahora tiene un grano?

Basilia - Ahora no, ya lo tengo hace tiempo.

Doctora - A ver, ¿dónde tiene el grano?

Basilia - ¡Pues donde me rasco con la garrota! por eso, mi marido no puede...

Doctora - Bueno, bueno, vamos a ver, vamos a centrarnos... *(Basilia se levanta y se planta en medio del escenario)* pero ¿dónde va, mujer?

Basilia - Usted ha dicho que vamos a centrarnos.

Doctora - Ay, venga para acá, siéntese y cuénteme ¿qué más le pasa?

Basilia - Pues la boca.

Doctora -Vamos a ver qué le pasa a usted en la boca *(levantándose para reconocerla).*

Basilia - No sé qué tengo en la boca, que algunas veces no la puedo ni abrir, a no ser con la garrota.

Doctora - ¿Con la garrota? *(aparte)* esta mujer está, pero que muy pirada *(a Basilia)* a ver, enséñeme qué hace usted con la garrota.

Basilia - Pues me la engancho en el gaznate y luego tiro pa'tras' y cuando tiro un ratito y noto que voy a ahogarme, la muy lista se da cuenta y ella solita se abre.

Doctora - Sí que es lista, si... *(aparte)* está para que la encierren *(a Basilia)* vamos a ver, Basilia, lo que usted tiene es ansiedad. Se va a tomar el lexatíng que le voy a recetar, uno cada noche, antes de acostarse.

Basilia - ¿Y nada más?

Doctora - Pues mire, para estas cosas, también viene muy bien salir con las amigas, ir al cine, a pasear...

Basilia - Uy, mis amigas, ¡ande' andarán! las que tenía de chica marcharon a la ciudad, porque en el pueblo decían que no había futuro ¿sabe usted? Ahora mis amigas son las cabras, pasear sí que paseamos, pero ir al cine no sé yo...

Doctora - Pues esas, las de la infancia, búsquelas, que es muy importante que las recupere, que recuerden viejos tiempos, les cuente sus problemas...

Basilia - Oiga, que yo no tengo problemas, lo que tengo son dolores.

Doctora - Es igual, pues les cuenta los dolores y verá que ellas también tienen cosas que contarle. Muchas veces, estas crisis de ansiedad ocurren porque una se cree que es la única a la que le pasan las cosas, pero ¡qué va! hablas con las amigas y te das cuenta de que todas andan igual. Salga con ellas de merienda, o mejor, a relajarse a un balneario, tiene que estar distraída para bajar esa ansiedad.

Basilia - ¿Más distraída? pues en mi casa me dicen que estoy muy distraída porque voy a comprar el pan y compro yogur. Todos los días comemos sin pan, pero eso sí, tengo el horno llenito de yogures. Lo que pasa es que, cuando lo enciendo, huele un poco raro.

Doctora - Bueno, pues lo dicho, lexating ¿nada más?

Basilia - Pues mire, sí, los calcetines, los meto en la nevera, como me huelen a queso... los tomates, los pepinos y los pimientos a la lavadora, para hacer el gazpacho, al jamón le pongo una tirita para que se cure bien...

Doctora -Mire, usted diviértase con las amigas y ya me contará *(echándola descaradamente).*

Basilia - Bueno, pues ya le contaré, llamaré a mis amigas para decirles lo que me pasa, si eso me va a curar... y me tomaré el lexating, todo, todo, que estoy muy desesperá', con todo este malestar. *(Aparte)* ¡Qué tontería, pues no dice que tengo ansiedad!

CUADRO SEGUNDO

Basilia está con su amiga Gertrudis en un balneario y después, entra Violeta. Las tres son muy distintas, mientras que Basilia se ha quedado anclada en las formas paletas del pueblo, sus amigas han evolucionado por caminos diferentes. Gertrudis es una «pija» adinerada, esclava de los convencionalismos sociales. Violeta, sin embargo, tras su divorcio, ha encontrado la forma de subsistir en la «vida alegre». Las tres visten albornoz y toalla en la cabeza, y beben agua mineral.

Basilia - Pues sí que da gustito lo de los chorrillos, que te van dando por un lao' y por otro.

Gertrudis - Uy, esto no es nada, ¿eh? que yo, he estado en unos balnearios, en las estaciones de esquí, que son lo más de lo más.

Basilia - Pero eso tiene que salir muy caro.

Gertrudis - Mi marido, que es como tener mi cajero automático particular.

Ríen las dos. Entra Violeta.

Violeta - Holaaaaa, ¡sois vosotras! ¿tú eres Trudy?

Gertrudis - Si.

Violeta - ¡Y tú Basi!

Basilia - Sí, y tú eres... la hija de Genara...

Violeta - Pues sí, claro.

Basilia - Ay guapa, ¡eres igualita que tu madre!

Violeta - Sí, me parezco bastante.

Basilia - Y tu madre, ¿no viene?

Violeta - Mi madre ha fallecido.

Basilia - Pero si yo hablé ayer con ella.

Violeta - ¿Ayer? ¡imposible! murió hace cinco años.

Gertrudis - ¡Tan joven!

Violeta - Bueno, ya tenía sus noventa.

Gertrudis - ¿Noventa?

Violeta - Pues sí, ¡cómo pasa el tiempo!

Basilia - Ya, pero, por muy rápido que pase, ahora debería tener sesenta, igual que nosotras, que íbamos a la misma clase.

Violeta - Jajajaj sesenta son los que tengo yo.

Basilia - ¡Pues quién lo diría!

Gertrudis - ¡Qué bien te conservas!

Violeta - Gracias y vosotras también.

Basilia - No compares, a mí se me está cayendo el pelo de la cabeza y me crece en el bigote ¡si hasta juego a las damas!

Gertrudis - ¿Qué juegas a las damas? ¡eso es genial!

Basilia - Si, mira, *(haciendo el ademán de depilar su bigote con unas pinzas)* pelo negro me lo dejo, blanco me lo arranco, negro me lo dejo, blanco me lo arranco...

Gertrudis - *(Ignorando a Basilia)* Yo creo que no estoy mal para mi edad, pero tú... ¡tú estás divina de la muerte!

Violeta - El sistema laboral, que te obliga siempre a mantenerte joven y guapa.

Basilia - ¿Qué tienes trabajo?

Violeta - ¿Vosotras no?

Basilia - No hija, yo no trabajo, bastante tengo con atender a las cabras y el sembrao', limpiar la casa, planchar la ropa, hacer la comida, cuidar a los nietos... ¡como para ponerme encima a trabajar! y la Trudy, como se ha casao' con un cajero automático.

VIOLETA - ¡Qué romántico! y en la cama, ¿qué tal?

GERTRUDIS - Jajaja, sigues tan chistosa como siempre.

VIOLETA - Lo importante es que nos hemos vuelto a ver ¡cuánto tiempo sin estar juntas ¡las tres inseparables!

BASILIA - Pues sí, un porrón de años.

VIOLETA - Y qué buena idea, la de citarnos aquí ¡qué gozada! estos vapores me despiertan los sentidos.

GERTRUDIS - *Darling...*

BASILIA - Uy, *darling...*

GERTRUDIS - ... Mira, después del jacuzzi, nos hacemos un hidrojet, un pediluvio, una vichí con peeling y nos quedamos como nuevas, pero nuevas, nuevas.

BASILIA - ¿Con Pili? ¿va a venir también la Pili?

GERTRUDIS - Ay Basi, he dicho con peeling.

BASILIA - Yo no sé, de todo lo que has dicho, lo único que he entendido es lo del vichi y no sabía yo que aquí también vendieran telas.

VIOLETA - Telas no creo que vendan, si acaso, bañadores.

BASILIA - Pues mira, yo este lo he sacado del baúl, que lo tenía guardado con naftalina desde que mi abuela fue a los baños de la artrosis y mira qué bien me viene para la ocasión.

GERTRUDIS - Pues yo lo encuentro un poquito retro.

VIOLETA - ¡Vintage!

GERTRUDIS - No estaría mal que te compraras uno más modernito.

VIOLETA - A mí me gustan con más escote.

BASILIA - No pensarás tú que yo me voy a despelotar y a enseñar mis vergüenzas aquí delante de todos, que luego mi

Andresón se me cela y le tengo ofuscao' una temporada. Menudo se puso un día porque le di un beso a una cabra ¡pobrecita mía! ¡es que es muy celosón!

Violeta - Bueno, a ver, cuéntanos el motivo de este feliz reencuentro, chica, que me tienes en ascuas.

Basilia - Veréis, el otro día estuve en el médico, porque yo me sentía fatal, unos dolores horrorosos, un cansancio a todas horas...

Violeta - Ay Basilia, no me asustes.

Basilia - Sí hija, sí, los miembros que se me agarrotan, la garrota, que no la puedo dejar ni a sol ni a sombra...

Gertrudis - Pues mira Basi, te lo tengo que decir, lo de la garrota no te queda nada bien, te hace muy mayor, así que mejor déjala.

Basilia - Pero ¿no te digo que no puedo dejarla ni a sol ni a sombra?

Violeta - ¡Cómo te entiendo! yo tampoco consigo dejar lo del sol y sombra.

Gertrudis - Pues a ver si con la cura esta de las aguas, te aficionas más al agua, mona. *(Aparte)* ¡Vaya dos! ¿dónde me he metido? ¿qué hago yo entre la palurda de la garrota y la pilingui del sol y sombra?

Suena el móvil de Violeta.

Violeta - Ay, me está vibrando el móvil, uy, como me vibra... Basilia, no sigas contando mientras hablo, que no me quiero perder ni una palabra. *(Respondiendo al teléfono)* ¿Dime? (...) sí, soy yo, Violeta (...) que, ¿dónde estoy? en la cama, hoy me encuentro perezosa (...) aquí, envuelta en mi juego de sábanas de satén preferido, las de color rojo pasión, ya las conoces (...) ¿vestida? Jaja, que, ¿cómo estoy vestida? con un picardías transparente, negro, con mucho escote, muy cortito y una tanguita muy chiquitita, que por detrás, lleva una cintita nada más. (...) Pues sí, monísima, ya te lo puedes imaginar (...) no, hoy no puede ser (...) quizás, bueno, llámame pronto, chao, chao...

Gertrudis - ¿Quién era, tu prima?

Basilia - Hija, ¿cómo va a decirle esas cosas a su prima? sería su marido y le querría poner los dientes largos...

Violeta - ¡Uy, mi marido! no, no, ¡yo soy divorciada!

Gertrudis - ¿Qué te has divorciado? ¿y eso, por qué?

Violeta - ¡Toma esta! porque nos llevábamos a matar.

Gertrudis - ¿Le habrás sacado una buena pensión?

Violeta - Ni un duro.

Gertrudis - Pues yo no os entiendo a las divorciadas, mona.

Violeta - Claro, como tú tienes un cajero automático particular..., pero el mío era un agujero automático particular en la economía familiar, chica, dinero que ganaba, dinero que se gastaba automáticamente en el bar.

Basilia - Y entonces ¿qué has hecho? ¿te has puesto a trabajar?

Violeta - ¡Anda, claro! a ver qué voy a hacer.

Gertrudis - ¿A qué te dedicas?

Violeta - *(Dudando un momento)* Al espectáculo.

Gertrudis - Uy, qué gracioso ¿y dónde has actuado?

Violeta - Pues en muchas partes.

Gertrudis - ¿A si? ¿en qué partes?

Basilia - *(Aparte)* ¡Vete tú a saber en qué partes!

Gertrudis - Bueno, ¿y eso de Violeta? ¡Pero si te llamas Genara Martín Ortega!

Basilia - ¡Pues sí, la Genara, de to' la vida!

Violeta - Ay mujer, ¿no os acordáis de que me cambié de nombre cuando la confirmación?

Gertrudis - Pues no, yo no me acuerdo.

Basilia - Ni yo.

Violeta - Uy, pues entonces será que me lo cambié otro día y la que no me acuerdo soy yo ¡qué tonta!

Gertrudis - Me parece a mí que tú has cambiado mucho ¡Violeta! quién te ha visto y quién te ve, pero si te comías a los santos.

Violeta - Bueno, pero aquí no hemos venido a hablar de mí, Basilia, cuéntanos ya lo que te pasa, mujer, ¡que me tienes en ascuas!

Basilia - *(Despistada)* ¿A mi qué me pasa? *(intentando recordar)* ¿qué me pasa a mí?

Gertrudis - Mona, lo que te dijo el médico, por lo que nos has reunido.

Basilia - ¡Sí que es verdad! Pues nada, que yo me encontraba de cada vez peor y de cada vez peor...

Suena el teléfono de Gertrudis.

Gertrudis - ¿Diga? (...) ay si, espera un momento... (a ellas) me vais a perdonar que me retire un poco, para atender una llamada. (Retirándose) Dime Cuca (...) pues mira, he venido a un balneario con unas amigas del colegio ¡no veas dónde me he metido! una es una paleta, pero paleta, paleta, con garrota y todo. Y la otra una pilingui, pero una pilingui, pilingui ¡ya verás cuánto nos vamos a reír cuando te lo cuente! A ver si quedamos para salir de compras por la milla de oro y te lo cuento, ya sabes que tú eres mi mejor amiga y yo a ti te lo cuento todo, pero todo, todo... Bueno mona, que te dejo, a ver cómo acaba esto, porque entre la paleta, paleta y la pilingui, pilingui, no sé yo (...) bueno, (...) bueno, (...) *(llegando a donde están Basilia y Violeta)* ah oye, no me acordaba, ¿sabes que hemos quedado las de la urba, el martes a las doce, para hacernos unos hoyos? ¿vas a venir? (...) ¿sí? ¡genial! besitos, adiós, adiós *(cuelga).*

Basilia - ¿Ande' te vas a cavar los bujeros'?

Gertrudis - Ay Basi, no estás nada in, cuando hablo de hacerme unos hoyos, me refiero a golfear.

Violeta -Ah, ¡a eso también me apunto yo!

Gertrudis - *(Inventando una explicación acerca de la conversación que ha tenido, que las otras ni le han pedido, ni les interesa escuchar). Pues nada, mi marido...*

Basilia - ¿El cajero automático?

Gertrudis - Lo típico, ¿qué tal el viaje? ¿os dan bien de comer? ¿qué tal las instalaciones? que le lleve un regalito..., esas tonterías que se dicen por teléfono *(ríe, tontamente).*

Suena el teléfono de Basilia, pero ella no se da por aludida.

Violeta - ¿No lo coges?

Basilia - ¿El qué tengo que coger? ¿es que ha contao' algún chiste?

Violeta - Mujer, el teléfono.

Gertrudis - ¡Que cojas el teléfono!

Basilia - ¿Qué teléfono? ¡si yo no estoy en mi casa!

Gertrudis - Pero coge el teléfono, que te están llamando a ti.

Basilia - Sí hombre, voy a ir a mi cuarto de estar a coger el teléfono ¡con lo que tarda el autobús! cuando quiera llegar ya se han cansao' de llamar.

Violeta - ¡Pero mujer, si es el móvil!

Basilia - ¡Si yo no tengo móvil!

Gertrudis - Pues para no tener móvil, sí que arma escándalo.

Basilia - Ay, sí que es verdad, que me dio un cacharro de esos mi hijo, pa' tenerme controlá' *(contesta el teléfono)* ¿qué leches quieres? (...) ¿que se ha puesto la cabra de parto? ay, hijo, pues atiéndela (...) ¿que no sabes? ¡Pues aprende, que ya eres grande! *(cuelga)*. Lo que te digo, estos jóvenes de hoy no valen pa' ná', a su edad, había ayudao' yo a alumbrar a to' la escusa.

Violeta - ¿La escusa?

Basilia - Pos' la escusa de las cabras, qué tas' vuelto tan finolis tú también, que ya no te acuerdas de las cosas del pueblo.

Gertrudis - Hablando de excusas, me vas a excusar, Basilia pero ¿no te aburres tú allí en el pueblo todavía con las cabras? Si de la pandilla no quedamos ya nadie, nos hemos ido todas a la ciudad.

Violeta - Es verdad, chica, ¿no te aburres?

Basilia - ¿Aburrirme? ¿cómo me voy a aburrir, si nunca falta trajín? *(suena otra vez el teléfono de Basilia)* ya lo has visto, se me ocurre escaparme un día de picos pardos y no me dejan en paz... *(contestando el teléfono)* ¡Que te he dicho que, a la cabra, la ayudas tú a parir! (...) (cambiando drásticamente de tono) ah no, no está (...) sí, sí, ese es mi hijo y este teléfono es de él, de mi Andresito, pero mi hijo no está porque, verá usted, yo me he venido con unas amigas a relajarme a un balneario, ¿sabe usted? porque me ha dicho la doctora que esto me iba a venir muy bien para lo mío, por aquello de que íbamos a estar todas igual. Pero yo no veo que estas estén igual que yo, que estas están mu cambiás', ¿sabe usted? (...) ¿Que a usted qué le importa? pues eso digo yo que, ¡a usted que le importa! ¡ande y vallase a freír espárragos! ¡grosero, más que grosero! *(Cuelga y se dirige a sus amigas)* Nada, que decía que era el jefe de mi hijo ¡pues vaya un remilgao'! no dice que guelen' mu' mal las cabras y que él no las va a ayudar a parir...

Gertrudis - Claro que huelen mal las cabras, Basilia, ¡dirás tú que huelen bien!

Basilia - Pues a mí no me huelen ni mal ni bien, como ya estoy acostumbrá'... peor me huele a mí el humo que van soltando los coches y los autobuses, que no sé cómo podéis decir que se vive mejor en la ciudad que en el pueblo.

Gertrudis - Tú y tu familia viviríais muy bien en el pueblo, recibiendo a los cabritos que venían al mundo, pero mientras, los de mi familia, trabajábamos como ca...bestros, pastoreando el rebaño de los demás.

Basilia - Hija mía ¿y por eso te has tenido que casar con un cajero automático?

Gertrudis - Que sepas, que primero estudié y me pulí, e intenté trabajar. Pero no era fácil encontrar trabajo para una jovencita de aquella época.

Basilia - Pues no, claro, es más fácil dejarse mantener.

Violeta - Pero ¿a cambio de qué? ¿de satisfacer las manías del marido y de callarte la boca cuando algo no te parece bien?

Gertrudis - Pues yo creo que es mejor satisfacer las manías de uno que de todo el manicomio, mona...

Violeta - Al menos, yo me gano el pan que me como.

Gertrudis - ¡Como que yo no! desde que me casé, no he hecho más que trabajar para mi marido y criarle a sus hijas, así que, lo menos que puede hacer es pagarme los gastos.

Basilia - Si te compra to' lo que tú quieres, ni tan mal.

Gertrudis - Bueno, todo lo que yo quiero tampoco, más bien, lo que él considera que me hace falta y algún caprichito de vez en cuando, una joyita por aquí, un poquito de botox por allá... como él gana el dinero, él lo administra.

Basilia -¡Como que yo puedo hacer con el dinero lo que quiera! y eso que todas las tierras, la casa y todo lo que tenemos lo heredé yo de mi pobre madre, que se dejó la vida en el campo, igual que me la estoy dejando yo. Pero, como Andresón es el que lleva los pantalones, él es quien lo administra.

Violeta - Pues a mí me va más lo de ser empresaria y administrar mi propio capital, y las buenas empresas, que yo sepa, tienen más de un cliente. Así, eres tú la que controla el mercado y no el mercado, el que te controla a ti.

Gertrudis - Pues tan buena empresaria que eres, mona, podrías haber escogido otro sectorcito.

Violeta - Pues no sé yo, porque la mayoría de los sectores están fatal para las mujeres, tienes que rendir más, te pagan menos y luego está lo del techo de cristal...

Basilia - ¿Qué techo de cristal?

Violeta - ¿No te has enterado? En las empresas, hay un techo de cristal para que las mujeres no podamos ascender.

Gertrudis - Pues ahora será un techo de cristal, pero cuando yo buscaba trabajo era una puerta blindada, pero blindada, blindada, vamos, que no podías ni entrar. Así que no te quejes, mona.

Violeta - ¡Chica, que no tengo yo ganas de andar dándome de cabezazos todo el día con un techo de cristal! sin embargo, en mi profesión, todavía quedan hombres que pagan más a una mujer por hacer el mismo trabajo, que a tu homólogo masculino... y cuando llegas a una edad, si te lo montas bien, te conviertes en la jefa y tienes a las empleadas a tu cargo.

Suena el teléfono de Violeta y lo contesta, con una voz muy dulce.

Violeta -Sí, soy yo, tu Violeta (...) hoy no puede ser, cariño (...) anda, sé bueno y confórmate (...) ¿cómo dices? ¿qué, te vas a la competencia? ¡bobo, si era una broma! claro que nos vemos hoy, si yo soy la primera que estoy deseando estar contigo. (...) ¿Qué? ¿a la India juntos? ¿el mes que viene? (...) Claro, sí, me voy preparando, pero ¿qué pinto yo en la India? (...) Bueno, bueno, lo que tú quieras, ya sabes que yo no soy capaz de negarte nada. (...) No te preocupes Antonio, caprichito mío, que estoy allí en menos que canta un gallo. *(Cuelga y se dirige a sus amigas)* Bueno, chicas, me tengo que ir, ya nos veremos otro día.

Basilia - ¿Ya te vas?

Violeta - Es que, por el nivel de facturación que lleva este cliente en los últimos meses, no le puedo dejar escapar. Adiós guapas, hasta pronto *(se va).*

Gertrudis - Bueno, ya nos veremos.

Basilia - ¡Adiós, guapa!

¡Pues sí que está enterada esta, de cómo funciona el mundo empresarial! *(aparte)* Me va a venir bien aprender de ella, para gestionar mejor mi negocio *(alusión a sus genitales).*

Suena el teléfono de Gertrudis.

Gertrudis - ¿Dime? (...) ¿cómo dices? (...) ¡cálmate por dios, Pocho, que te va a dar un infarto! (...) ¿qué ya te ha dado? pues con más motivo, cálmate hombre, ¡que te va a dar otra vez! (...) anda relájate, ya sabes: inspira, expira, inspira, expira ¡oye, pero no vayas a expirar del todo, eh! (...) No te preocupes que enseguida estoy allí, salgo ahora mismo y mientras llego te voy mandando vibraciones positivas. *(Cuelga y se dirige a Basilia)* ¡Que han robado a mi cajero, digo, a mi marido!

Basilia - Vaya, ¡cuánto lo siento! *(se va también Gertrudis y suena el teléfono de Basilia)* ¿Dígame? (...) ¿ya parió la cabra, hijo? (...) ¿y qué tal está? (...) ¿qué se han puesto otras tres de parto? muy bien, pues ya sabes lo que tienes que hacer. (...) que tengo que ir a cuidarte a los niños ¿y eso por qué? ¿dónde está tu mujer? (...) ¿a echar más horas en el trabajo? (...) ¿qué te has quedado tú sin trabajo? (...) ahhh, que te ha echado tu jefe... bueno, hijo, no te preocupes que yo voy ahora mismo a cuidar a los niños, para eso estamos las abuelas. (...) El tiempo que haga falta, no te vas a quedar tú en la casa cuidando niños, hijo mío, que eso no es trabajo para un hombre, tú tendrás que buscarte otra cosita. (...) Ala, ala, enseguida estoy allí *(desaparece de escena mientras va hablando por teléfono).*

CUADRO TERCERO

En la consulta, la doctora sale a llamar a su próxima paciente.

Doctora - Basilia López.

La doctora no ve a nadie. Cuando va a volver a su mesa, llega Basilia, apresurada.

Basilia - Buenos días doctora.

Doctora -Ah, ¿es usted? buenos días, señora, dígame ¿cómo se siente?

Basilia - ¿Cómo me siento? ¡pues sentándome! ¿me puedo sentar?

Doctora - Claro, mujer, claro, siéntese. A ver, dígame cómo se encuentra.

Basilia - ¿Cómo me voy a encontrar? ¡pues buscándome!

Doctora - Quiero decir que cómo está.

Basilia - Pues todavía de pie, pero ya me siento. ¿Usted recuerda que hace un mes se me enganchaba la boca?

Doctora - *(Aparte, hace el gesto de ahorcarse)* ¡Como para no recordarlo! *(a Basilia)* Claro, claro que me acuerdo y ¿cómo sigue?

Basilia - Pues sigo usando la garrota.

Doctora - ¿Para lo de la boca?

Basilia - Y para más cosas, porque el mal que tengo ahora me afecta a la «moviledad».

Doctora - ¿Y qué pasa con su móvil?

Basilia - ¿Con mi moviledad?

Doctora - Digo, con su teléfono móvil.

Basilia - A mi teléfono móvil no le pasa nada.

Doctora - Pues no para de sonar.

Basilia - Ay, si es que siempre se me olvida que llevo un teléfono móvil *(sacándolo del bolso)* es mi amiga Gertrudis, mire, lo sé porque pone aquí «la *darling*» *(se corta la llamada)* uy, se ha cortado.

Doctora - Bueno, ya veo que ha seguido mi consejo de recuperar a las amigas y me alegro mucho de que también esté practicando idiomas, es una excelente manera de mantener la mente activa y conservarla sana.

Basilia - ¿Idiomas?

Doctora - Ha llamado «*darling*» a su amiga, en inglés.

Basilia - Mira, está llamando otra vez ¡qué pesá'!

Doctora - Conteste usted, a lo mejor es algo urgente.

Basilia - *(Al teléfono)* Dime (...) no, ahora no estoy con las cabras, he venido a la capital (...) ¿al gimnasio? ¿todas juntas? uy no, al gimnasio... ¿qué pinto yo en el gimnasio? estaría bonito, a mi edad, ponerme a hacer cabriolas (...) te dejo, que ahora no me puedo entretener. *(A la doctora)* Como le decía, a mi móvil no le pasa nada, es a mi «moviledad».

Doctora - ¿Quiere decir a su movilidad?

Basilia - Quiero decir a mi «moviledad», porque son cosas que antes no me pasaban, que me pasan ahora, con la edad.

Doctora - Explique, explique.

Basilia - Pues mire usted, cuando me monto en el metro y me aprietan por todas partes, pierdo la «moviledad».

Doctora - Y, ¿qué hace usted, entonces?

Basilia - ¡Toma, pues usar la garrota!

Doctora -¿Cómo, exactamente?

Basilia - Anda, pues voy dando garrotazos pa' que me dejen pasar *(amenazando con la garrota a la doctora)*.

Doctora - *(Asustada)* Ya veo, ya veo...

Basilia - Y mire este dedo *(muestra su mano derecha con el dedo corazón estirado, mientras los demás dedos permanecen recogidos)* ¿ve este dedo? No tiene «moviledad».

Doctora - Un caso atípico, no tiene relación clínica... ¿solo le pasa en ese dedo?

Basilia - Pues ahora que lo dice... en estos otros dos también pierdo la «moviledad» *(ahora los dos únicos que están estirados son el índice y el meñique)*.

Doctora - Puede ser por la circulación.

Basilia - Eso me parece a mí, porque siempre me pasa en los atascos.

Doctora - ¿Me quiere decir que cuando tiene un atasco intestinal pierde la movilidad?

Basilia - Ya lo creo, me quedo quietecita, quietecita, donde usted ya se imagina, hasta que pasa el retortijón.

Doctora - Pero vamos a ver, usted ¿cuándo pierde la movilidad de los dedos? vamos despacito, que me pierdo...

Basilia - ¡Toma! ¡y yo también me pierdo en esta ciudad tan grande! por eso voy despacito y los que vienen detrás me pitan, y me pitan y no paran de pitar... entonces, saco yo el dedo así, pa' fuera de la ventanilla y es cuando pierde la moviledad.

Doctora - Ah, ¿quiere usted decir con el coche?

Basilia - No doctora, yo no tengo coche, me vengo con el tractor.

Doctora - *(Aparte)* Esta mujer es un caso atípico, ¡pero que muy atípico! *(a Basilia)*. ¿Le dura mucho tiempo, lo del dedo?

Basilia - Hasta que dejan de pitar.

Doctora - Mire señora, con lo que me está contando, el diagnóstico está claro, sin duda, lo que sufre usted son crisis de ansiedad. Tome usted más lexating, uno por la mañana, otro a medio día y otro por la noche y verá qué bien le va.

Basilia - ¿Ya está? ¿no me mira nada? ¿ni me hace alguna prueba? ¿ni me manda otra cosa? ¿ni al especialista?

Doctora - Pues escuche usted lo que le voy a mandar, para todo eso que usted me cuenta de la movilidad, va muy bien hacer ejercicio, así que, menos ir en metro y en tractor y más al gimnasio, lo peor que hay para la salud es la vida sedentaria.

Basilia - ¿Al gimnasio? bueno, pues si eso es ahora lo que me va a curar, pues yo voy al gimnasio y donde haga falta y el lexating ¡qué invento! cura todas las enfermedades. Hablar con las amigas está bien, al menos sale barato, pero el gimnasio ¿quién me paga a mí el gimnasio? porque, a mi Andresón no sé yo si le va a parecer bien, que dice que ya tengo muchos gastos, siempre que le pido para pagar la compra, la luz, el agua.... Y no te digo nada, si se me ocurre decirle que me voy a practicar idiomas a London ¡con lo tacaño que es! ¡y lo celoso! *(Aparte, mientras marca en su móvil)* Ansiedad, qué tontería ¡y que yo tengo ansiedad! *(por teléfono)* Gertrudis... oye que sí, que voy para allá.

CUADRO CUARTO

En el gimnasio, Gertrudis está tumbada en el suelo, relajándose. Entra Basilia.

Basilia - Pero muchacha, ¿qué te pasa? ¿qué haces ahí tirada? ¿llamo a un médico o algo?

Gertrudis - Hola Basilia, no me pasa nada mujer, solo estaba respirando un poco.

Basilia - ¡Toma! ¿y quién no? ¡están las cosas como para no respirar!

Gertrudis - ¡Qué alegría, que te hayas decidido a venir al gimnasio, ya verás lo bien que te sienta!

Basilia - Vamos a ver..., porque estoy, que no puedo de dolores.

Gertrudis - ¿No pensarás hacer gimnasia con la garrota?

Basilia - A ver, ¿qué voy a hacer? Sin la garrota no puedo ni tenerme de pie.

Gertrudis - Basilia, por favor, vas a hacer el ridículo aquí delante de todos *(se levanta del suelo)* anda, trae la garrota.

Basilia - Qué envidia me da verte, hija, que ágil estás.

Gertrudis - Pues no te creas, que me he hecho daño al levantarme, porque como tengo un codo de tenista...

Basilia -Ah, pero ¿que no es tuyo el codo?

Violeta - ¡Hola, chicas!

Gertrudis - *(Aparte)* Ya está aquí la pilingui *(a Violeta)* hola, guapa, estás cada día más joven.

Violeta - ¡No te creas! ¿qué tal vosotras?

Basilia - Yo igual, con lo mío, y esta dice que tiene un codo que no es suyo, que es de un tenista.

Violeta - Pero qué graciosa eres chica, que cosas tienes.

Gertrudis - ¿Y tú qué tal estás?

Violeta - Pues yo, comidita de dolores, fatal, fatal, estoy que rabio, no puedo ni parar quieta ¡con decirte, que llevo tres noches sin dormir!

Gertrudis - *(Aparte)* Eso querrá decir que va bien el negocio, tanta comidita y tanto sin dormir. *(A Violeta)* Ah, sin dormir... ¿y eso?

Violeta - Con el insomnio.

Basilia - ¿Con el Antonio?

Gertrudis - Con el insomnio, Basilia, ha dicho con el in-som-nio.

Basilia - Ah, ¿qué ahora es con el insomnio? *(Aparte)* Pues sí que tiene trajín esta, con el Antonio y con el Insomnio.

Violeta -Vosotras, ¿qué tal?

Gertrudis - Yo duermo bien, incluso demasiado bien... pero estoy muy pachucha.

Basilia - Pues yo estoy muy mal de lo mío ¡que no os he contado todavía!

Violeta - Es verdad, que al final, nos dejaste el otro día con la intriga.

Basilia - Pues como os iba diciendo... unos dolores por todas partes...

Violeta - Pues lo mismito que yo, ¡a ver si vamos a estar las dos de lo mismo!

Gertrudis - *(Aparte)* Las dos de psiquiátrico es lo que están, ¡no las aguanto! ¿quién me manda a mí decirles que vengan a mi gimnasio? ¡no se puede ser tan buena! *(A ellas)* ¿Sabéis lo que os digo?, que yo me voy ahora mismo a urgencias, porque me estoy encontrando fatal *(recoge su abrigo y su bolso)* hasta luego monas, que se os de bien, ya me contareis qué tal os ha ido en la clase de pilates.

Violeta - Pues yo no sé si irme también a urgencias, porque estoy que no puedo ni moverme.

Gertrudis - Pues yo no puedo esperar que te lo pienses, mona, que estoy de urgencias, pero de urgencias, urgencias.

Violeta - Lo único, por probar este gimnasio ¿decís que ahora es la clase pilates?

Basilia - Pues no sé de quién será, porque como es la primera vez que vengo.

Gertrudis - Que sí, monas, que es la clase de pilates, a la que vengo yo siempre. Decidle al profesor, de mi parte, que no me he podido quedar, que me encuentro fatal.

Violeta - *(A Basilia)* Pero a esta, ¿qué es lo que le pasará? con lo que le gusta el gimnasio y se va así, de pronto.

Basilia - Pues digo yo, que será lo del trasplante de codo.

Entra un chico joven y guapo con un pantalón de color azulón y una camiseta de tirantes blanca.

Basilia - Buenas, señor Pilates.

Pedro - No señora, yo soy Pedro.

Gertrudis - *(Retrocediendo y dándole la mano)* Y yo Trudy.

Pedro - Encantado Trudy.

Basilia - Yo Basilia *(dándole la mano).*

Pedro - Encantado Basilia.

Basilia - Estoy un poco nerviosa, porque es mi primera vez *(sin soltarle la mano).*

Gertrudis - *(Separándoles y volviéndole a dar ella la mano)* Perdone usted a mi amiga Basi, es que es un poco paleta, no ha ido nunca a una clase de pilates.

Pedro - Yo tampoco.

Gertrudis - ¿A no? no importa, eso no importa nada, hay mucha gente maravillosa que nunca en su vida ha ido a una clase de pilates.

Violeta - *(Separándoles y dándole ella la mano al chico)* Pero chica, ¿tú no te ibas...?

Gertrudis - ¿Yo? ¿cómo me voy a ir? ¡si esto no ha hecho más que empezar!

Violeta - Pero si estabas malísima...

Gertrudis - Que no, que yo estoy buenísima ¡divina de la muerte! eras tú la que no te podías ni mover, mona.

Violeta - Pues estoy mucho mejor *(haciendo posturitas mientras tararea la música de nueve semanas y media)* mira, mira qué bien me muevo ¿eh? observa...

Pedro - ¡Guau! sí que se mueve usted muy bien, señora...

Violeta - *(Dándole dos besos)* Violeta, puedes llamarme Violeta.

Pedro - Qué nombre tan lindo, Violeta...

Violeta - Bueno, ¿empezamos, o qué?

Pedro - Bueno, empezamos ¿a qué?

Gertrudis - ¿A qué vamos a empezar? ¡a hacer gimnasia!

Pedro - Señoras, ¿no se han enterado? el profesor no puede venir, porque se ha puesto enfermo. Lo pone ahí, en un cartel.

Gertrudis - ¿Usted le sustituye?

Pedro - No, no, yo no sé dar pilates.

Violeta - Bueno, pues nos hace otra gimnasia *(seductora)* ¡a mí me encanta probar gimnasias nuevas!

Pedro - En ese caso, yo le podría enseñar a usted una gimnasia que me sé.

Gertrudis - ¡Yo, a esta, la mato!

Vuelve a sonar el móvil de Basilia.

Violeta - *(Sin parar de coquetear con el joven)* El móvil...

Gertrudis - ¡La mato! ¡la mato!

Violeta - ¡El móvil! ¡el móvil!

Basilia - Pues está claro, el móvil son los celos, ¿cuál va a ser el móvil?

Violeta - Basilia ¡que suena tu móvil!

Gertrudis -Anda, cógelo Basilia, que será tu marido.

Basilia - ¿Ese roñoso? no será, si estamos fatal, a puntito de divorciarnos.

Gertrudis - ¡Qué casualidad, igual que yo del mío!

Violeta - ¿No eras tú, la que no entendía a las divorciadas?

Gertrudis - Pues si mona, pero me voy a divorciar porque, desde que le pasó aquello, tiene miedo hasta de volver a salir a la calle ¡y no hay quien le aguante, todo el día metido en la casa, adosado al mando del televisor y controlando mis idas y venidas!

Basilia - Pues yo me voy a divorciar por todo lo contrario, mientras me paso el día metida en la casa limpiando, cocinando y cuidando a los nietos, él se pasa todo el día metido en el bar, porque no los aguanta.

Violeta - Ya, ya, pero no es lo mismo decir que te vas a divorciar que estar divorciada. ¡que cuesta mucho dar el paso! y de momento, la única divorciada aquí, soy yo.

Gertrudis - Bueno Pedro, a lo que vamos, ¡empecemos de una vez con la clase!

Pedro - Señoras, yo lo siento mucho, pero creo que no les voy a poder dar clase, soy el chico de la limpieza y del mantenimiento del gimnasio.

Basilia - Ah, del mantenimiento... pues ya se ve, ya, que te mantienes muy bien, mozo...

Violeta - Ay, perdónanos entonces, que te estamos entreteniendo.

Pedro - No importa, ha sido un placer charlar con ustedes.

Violeta - El placer ha sido nuestro, de verdad.

Pedro - Son ustedes muy amables, pero ahora, si me disculpan, tengo que ir a hacer mi gimnasia.

Gertrudis - Oye, pues hazla aquí con nosotras y nos la enseñas, que nos da igual hacer pilates o la gimnasia que sea, en serio...

Pedro - Bueno, en realidad no es ninguna técnica de entrenamiento especial, solo que yo me imagino que es una tabla de gimnasia, para que sea más ameno... porque pienso que hay que hacer las cosas con alegría.

Violeta - Eso, eso, con mucha alegría.

Gertrudis - Bueno, al menos, dinos en qué consiste esa tabla de gimnasia.

Violeta - Sí, sí, que ya me tienes intrigada.

Gertrudis - *(Aparte)* Sí, sí, intrigada ¡y entregada!

Pedro - Pero yo no quisiera molestarles con mis cosas...

Basilia - No es ninguna molestia.

Pedro - ¿De verdad, quieren ustedes que se la muestre?

Violeta, **Gertrudis** y **Basilia** - ¡Si, si, muéstranosla!

Violeta - Pero tutéanos chico, que así nos haces parecer muy mayores...

Pedro - ¿Mayores? pero si estáis en lo mejor de la vida.

Basilia - ¡Qué adulador!

Pedro - Lo digo de verdad, la sabiduría que te da la experiencia, es lo que más te permite disfrutar.

Basilia - Pero los jóvenes también tenéis mucho que enseñarnos, en este mundo que no para de cambiar.

Pedro - Pues vamos con ello, chicas.

Comienza la música y Pedro dirige la coreografía de la canción Mi Tabla De Gimnasia.

Para tener el gimnasio
como la patena,
no hay más remedio
que tirar de la cadena.
Y ponte de rodillas
y friega por detrás
del asiento con tapa,
donde te sueles sentar.
Hay que hacer una flexión
de cintura hacia delante,
vaciar las papeleras
y dejarlas deslumbrantes.
Llegamos al lavabo
pobre sacrificado,
que aguanta salpicones
de la cara y afeitado.
¡Dale a la bayeta, dale!
Dale con pasión ¡oh, oh!
Y si no te sale, dale...
¡agua con jabón!
Un ejercicio de manos,
hay en este momento,
los giros de la muñeca
no dañan los ligamentos.
Sufre el espejo,
si cepillas los dientes,
salpicando de blanco,
mil lunares de nieve.

¡Dale a la bayeta...dale!
Dale con pasión. ¡Oh, oh!
Y si no te sale, dale
¡agua con jabón!
De cintura para arriba
un estiramiento
para alcanzar las esquinas
más sucias del espejo
y otro poco de ejercicio
para terminar,
el cubo de la fregona
y el palo para fregar.
¡Dale a la bayeta, dale!
Dale con pasión ¡oh, oh!
y si no te sale, dale
¡agua con jabón!
Esta tabla de gimnasia
la suelo practicar
siete veces por semana
y ya ves que bien me va.
Esta tabla de gimnasia
la debes practicar
siete veces por semana
y verás que bien te va.
¡Dale a la bayeta, dale!
Dale con pasión ¡oh, oh!
y si no te sale, dale

¡agua con jabón!
Esta tabla de gimnasia
la tienen que practicar
los hombres que hay en tu casa
y verás que bien te va.
Dale a la bayeta
y verás que bien te va.
Dale a la bayeta
y verás que bien te va.

Pedro - Ya os he enseñado la gimnasia que practico, ahora vosotras se la tenéis que enseñar a los hombres que tengáis en casa: los maridos, los hijos, los novios, los amantes...

Violeta - *(Para sí)* ¿Los clientes?

Pedro - Para que ellos también se mantengan en forma ¿ok?

Violeta, Gertrudis y Basilia - Uy sí, sí, ¡a ver si se nos ponen en forma!

Esta tabla de gimnasia
la tienen que practicar
los hombres que hay en tu casa
y verás que bien te va.
Dale a la bayeta
y verás que bien te va.
Dale a la bayeta
y verás que bien te va.

Hacen mutis, continuando con su baile.

CUADRO QUINTO

Entra Basilia en la consulta de la doctora con su troupe de nietos, al menos un par de ellos que andan por su propio pie y otro en un cochecito de bebé, que lloriquea. Los dos mayores juegan cada uno con sus videojuegos, de vez en cuando animan a los personajes virtuales con un ¡dale! ¡toma ya! ¡toma, toma, toma! La música machacona del aparatito no abandona en ningún momento la escena.

Doctora - ¿Basilia López?

Basilia - Servidora.

Doctora - *(Aparte)* ¡Oh no! *(a Basilia)* ¿¡es usted!?

Basilia - Pues sí, doctora, aquí estoy otra vez.

Doctora - ¿Y qué tal?

Basilia - Estupendamente, practicando mucho inglés.

Doctora - ¡Cuánto me alegro!

Basilia - Pues sí doctora, mire qué bien se me da: I am *eating* lexating.

Doctora - Jaja, ya veo que no viene sola.

Basilia - Pues no, hoy vengo con unos trozos de ansiedad a cuestas.

Doctora - Pero siéntese, por favor.

Basilia - ¡Que no me siento! ¡que no, que no y que no! ¿no dice usted que para lo mío, es muy mala la vida sedentaria? ¡pues ea, que no me siento!

Doctora - La veo muy excitada ¿de verdad, se toma usted el lexating?

Basilia - ¿Que si me lo tomo? ¡me los como a puñaos'! ¡me los hago en tortilla para cenar, menestra de lexating para comer y en batido, para desayunar!

Doctora - Pues veo que no son suficientes, le voy a tener que aumentar la dosis.

Basilia - ¿Más lexating? pero si tengo hasta alucinaciones, me creo que soy una cápsula *(se quita el abrigo y vemos que va vestida con falda roja y blusa blanca)* míreme, míreme... Ay, doctora, yo estoy en que el lexating no me sienta muy allá, porque me encuentro muy revuelta.

Doctora - *(Mirando en su ordenador)* A ver ¿qué edad tiene usted ahora...?

Basilia - He cumplido los sesenta.

Doctora - Entonces, es por la menopausia, por lo que se encuentra tan revuelta.

Basilia - No sé yo... *(poniendo una pierna sobre la mesa de la doctora)* pero es que hace más de un año que se me duerme esta pierna y ya ni con la garrota puedo salir de merienda.

Doctora - La ansiedad, eso es la ansiedad, tiene que tomar más lexating.

Basilia - Pero si es que me mareo ¡y le juro por mi gato, que ni una gotita bebo! y esto sí que me preocupa, no me vaya a despanzurrar y se me parta la nuca.

Doctora - Bueno, tranquila, tranquila...

Basilia - ¿Cómo voy a estar tranquila? ¡yo quiero una solución! cámbieme la medicina, que me pega el torozón. Y la espalda... ¡qué dolores cuando tengo que agacharme! y lo peor viene luego, cuando voy a levantarme, y mire usted los juanetes, eso... eso no es para contarlo ¡los pinchazos que me pegan cuando aprietan los zapatos! ¡Que estoy muy mala doctora, que no puedo con mi cuerpo! ¡que tengo aquí una presión en este lado del pecho... ¡que me ahoga! *(da vueltas por la consulta, como un animal enjaulado).*

Doctora - Tranquila, tranquila...

Basilia - ¡Ay, qué sopor! que me da el mareo, que me da, que lo veo...

Doctora - *(Aparte)* ¡Pues a ver si va a ser contagioso, lo que tiene esta mujer, porque a mí me está pasando también! *(A Basilia)* ¡Ay, Basilia, qué dolor me está dando! ¡ay, qué ahogo! ¿qué me está pasando? ¿qué me ocurre, que ahora me duele por todas partes? *(se levanta, desesperada)* un médico, ¡necesito un médico! por favor, ¿hay algún médico en la sala? ¡Socorro! ¡Auxilio! ¡Que no puedo más!

Basilia - *(Se sienta plácidamente)* Pues mire, yo, sin embargo, ya me encuentro mejorcita.

Doctora - Pues muévase, haga algo.

Basilia - No hay quien la entienda doctora, primero que me siente, ahora que me mueva... *(Aparte)* Con esta doctora que me ha tocao', no me extrañaría que yo acabara padeciendo de ansiedad.

Doctora - Pero asístame mujer, ¡que me mueroooo!

Basilia - Pues me da a mí en la nariz, que eso que le está pasando, doctora, no va a ser otra cosa que una crisis de ansiedad.

Doctora - ¿Ansiedad? ¿y eso qué es? ¿me puedo morir de eso? ¿eso es muy malo? ¡dígame algo!

Basilia - Eso no es nada, mujer, estese tranquila. Mire, llame a sus amigas, que eso es muy importante. Después se va con ellas a un balneario, que mi amiga la *darling* dice que eso es lo más de lo más. Luego, se apunta a un gimnasio, practica idiomas y entre una cosa y otra, batidos de lexating. Por cierto, ¿le duele la pierna?

Doctora - ¡Qué pregunta! pues no, no me duele.

Basilia - Pues ya le dolerá, estese tranquila.

Doctora - ¿Cómo voy a estar tranquila, si no me puedo parar quieta, de los temblores que me están dando?

Basilia - Tranquila, hija, no se preocupe, tómese usted un lexating, o siete o quince o veinte cajas y verá, ¡verá qué bien le va! Por cierto, me parece que llevo alguno en el bolso, por casualidad, *(saca las pastillas y una botellita de agua)* tenga una cápsula, tómesela.

Doctora - *(Tomándose la pastilla)* ¡Ay, que no se me pasa!

Basilia - No pasa nada, mujer, pues tómese otra, y otra, y otra... *(le va dando pastillas, que la doctora va engullendo)* venga, ¡que invita la seguridad social! *(Al público)* ¿Alguien más quiere? ¿gustan ustedes?

Doctora - ¡No se me pasa!

Basilia - Pues entonces, tendrá la menopausia.

Doctora - ¡Pero si soy muy joven!

Basilia - No importa, tendrá la menopausia precoz, yo tengo una cabra que nació con menopausia y algunas veces le doy un lexating, para ver si se mejora.

Doctora - ¡Qué miedo me da!

Basilia - No pasa nada mujer, tranquilícese, tómese otra, y otra, y otra y verá qué bien le va.

EPÍLOGO

Sale Violeta entre las butacas y llega hasta el escenario. Está vestida de monja.

Violeta - Pido un donativo para los niños de la India, venga, no me sean agarraos, que esas pobres criaturas necesitan de todo, médicos, educación... y para eso hacen falta muchos euros. ¡Que dios se lo va a pagar, no se lo piensen!

En el escenario, aparece Pedro en actitud de espera. Va muy elegante, con traje.

Violeta - ¡Ole los hombres con clase! ¡A que me va a dar usted un donativo para los pobres niños de la India, que no hacen nada más que pasar calamidades, mientras usted y yo estamos aquí, disfrutando de la vida!

Pedro - *(Saca un fajo de billetes)* Pues mire, sí que se lo voy a dar, hermana, porque me da mucho gusto verla pidiendo así, con esa alegría. Siempre lo he dicho, las cosas hay que hacerlas con alegría.

Violeta - ¡Eso es, con mucha alegría! *(reconociéndole)* ¿tú eres Pedro?

Pedro - Si, hermana.

Violeta - Pedro, ¿no me reconoces?

Pedro - Pues ahora mismo no caigo, hermana...

Violeta - Claro, no me extraña, es que estoy muy cambiada. Te voy a dar una pista... *(Violeta se mueve sensualmente tarareando la música de nueve semanas y media)* tengo el nombre de una flor...

Pedro - Pues claro, tú eres Violeta, ¡qué alegría, Violeta!

Se abrazan y besan efusivamente, mientras entran en escena Gertrudis y la doctora, ambas con vestimentas grunge.

Pedro - Violeta, ¡qué gusto me ha dado volver a verte, de veras! te voy a dar todo lo que llevo encima y dame un número de cuenta, que todos los meses te voy a poner un dinero para tus labores humanitarias, porque esto ha sido todo un placer.

Violeta - Bueno, bueno, ¿qué me dices? el placer es mío, ¡eres un bendito!

Pedro - Ya verás qué alegría le va a dar cuando te vea...

Gertrudis - ¡Violeta! ¡Qué sorpresa!

Violeta - ¡Gertrudis, cuánto tiempo...! *(se guarda los billetes que le ha dado Pedro).*

Gertrudis - Ya veo que te sigue yendo muy bien el negocio.

Violeta - ¿Qué negocio?

Gertrudis - Pues el tuyo, el del espectáculo.

Violeta - No, no, yo ahora me dedico a hacer el bien a los que más lo necesitan.

Gertrudis - Pues eso, a tu negocio.

Violeta - Que no, que no, que yo he cambiado mucho, he sentido la llamada de Dios.

Gertrudis - *(Aparte)* Pues sí que tiene que estar Dios necesitado, para llamar a esta.

Violeta - Mira chica, yo desde que me fui con Antonio al viaje aquel de la India y vi toda la miseria de la humanidad, decidí dar un giro a mi espíritu servicial y dedicarme a repartir amor de otra manera.

Gertrudis - ¿A la India? ahí queremos ir esta coleguita que me echado y yo ¿verdad tron'?

Doctora - Vamos tron', que sí, a practicar yoga, que es lo más de lo más para la ansiedad.

Gertrudis - Estamos a ver si reunimos fondos para el viaje.

Violeta - ¿Reuniendo fondos? ¡quien te ha visto y quién te ve! ¿y tu cajero automático particular?

Gertrudis - Me he divorciado. Tenías razón Violeta, no merece la pena aguantar las manías de nadie para que te mantenga.

Doctora - Claro que no, es mucho mejor practicar el amor libre *(a Pedro)* Por cierto, guapete, ¿tú estás libre?

Pedro - Pues no, yo estoy esperando a una dama.

Violeta - ¿No te acuerdas de él? ¡Es Pedro!

Gertrudis - Ay si, el pibón de mantenimiento del gimnasio...

Pedro - ¿Qué tal estas Trudy?

Gertrudis - ¡De puti' tron'!

Pedro - Sabéis, chicas, yo no me dedico ya al mantenimiento del gimnasio.

Gertrudis - ¡Pero bueno, aquí todo son cambios!

Violeta - Bueno Gertrudis, ya veo que tú también has dado un gran cambio, entonces ¿a qué te dedicas ahora?

Gertrudis - Voy de ocupación en ocupación.

Violeta - ¿Te has decidido a buscar trabajo?

Gertrudis -No, no ¡qué va!

Violeta - Entonces, ¿qué ocupación?

Gertrudis - Pues me dedico a ocupar casas, ahora soy ocupa... ocupo una casa y cuando me echan, ocupo otra.

Violeta - ¡Válgame dios! *(se santigua).*

Basilia - *(Entra en escena y se dirige a Pedro directamente)* Hola *darling*, ya estoy aquí, ¿nos vamos a golfear?

Gertrudis - ¡Basi!

Violeta - ¡Basilia!

Doctora - ¡Basilia López!

Basilia - Ya estamos todos reunidos,

Violeta - ¡Que viva la madre superiora!

Entran los nietos de Basilia, peleándose.

Jorge - Abuela, abuela... que un niño del cole me ha roto mi PlayStation.

Alex - Querrás decir mi PlayStation.

Jorge - Era de los dos.

Alex - Acuérdate, era mía, abu', ¿a que era mía?

Basilia - A ver hijos, no discutáis, mi vida, ¡y menos por un cacharro que ya no funciona! que yo os compro una docena, para vosotros y para vuestros amiguitos, para que no os peleéis.

Jorge - ¡Eres la mejor abuela!

Alex - ¡Y la más enrrollá'!

Doctora - ¡Basilia López! ¡pero si es usted! no me lo puedo creer... ¿como sigue con lo de la ansiedad?

Basilia - *(Agarrándose a Pedro)* Ansiedad, ¿y eso qué es?

Pedro - *(Cantando)* Ansiedad, de tenerte en mis brazos...

Basilia - Musitando palabras de amor...

Gertrudis - Basi no tiene por qué tener ansiedad, allí en el pueblo, con las cabras, en contacto con la naturaleza...

Basilia - No, si yo las cabras ya no las tengo ¡menuda fortuna me han dado, por las tierras donde pastaban las cabras, para construir chalets de lujo!

Violeta - ¿De esos que la gente los tiene y luego no van nunca? ¡qué mal repartido está el mundo!

Doctora - ¿Que nadie los ocupa?

Gertrudis - ¡Pues los ocupamos nosotras!

Basilia - Y vosotras dos ¿cómo os habéis hecho amigas?

Gertrudis - ¿Es que vosotras os conocíais?

Doctora - ¡Las vueltas que da la vida!

Basilia - ¿Tenéis algo que hacer, o nos vamos a dar una vuelta y nos lo contamos?

Gertrudis - Nosotras íbamos a ir a una mani', a favor de que las ranas críen pelo.

Doctora - ¡Debuti, y que se dejen las rastas!

Gertrudis - ¿Os venís?

Doctora - ¡Eso, vámonos tos' de farra!

Basilia - Pues sí, vámonos a celebrarlo.

Violeta - Que nos hemos vuelto a reencontrar otra vez, ¡las inseparables!

Pedro - Y luego, vamos a echarnos unos bailes a un sitio de salsa que yo me sé.

Violeta - ¿A bailar? ¡uy, qué bien! ¡hace tanto que no voy a bailar! pero ¿me dejarán entrar con los hábitos?

Gertrudis -Y a mí, ¿me dejarán con las deportivas?

Basilia - *(Dándole a Pedro un montón de billetes)* Toma *darling*, para que convenzas al portero.

Pedro - ¡A mandar!

Jorge -Y a mí, ¿me dejarán entrar con nueve años?

Basilia - *(A sus nietos)* Vosotros, os vais ahora mismo a casa del abuelito, que una servidora se va de farra con estos tron'. Toma *(dándoles dinero)* para que invitéis al abu' a merendar.

Alex - ¡Y que luego digan que el dinero no da la felicidad!

Doctora - Y es posible, que incluso tenga también propiedades contra la ansiedad.

Basilia - Ya lo creo, y mucho mejores que las del lexating.

Gertrudis - No te creas, que el dinero también te trae quebraderos de cabeza, que si no lo tienes, te los ahorras.

Violeta - Para no tener ansiedad, creo yo, que lo mejor es tomarse la vida con alegría.

Pedro - ¡Eso, con mucha alegría!

Todos bailan la canción Dicen que tengo ansiedad

¡Y que yo tengo ansiedad!
Dicen que tengo ansiedad.
¿Qué me pasa doctora,
que no paro de llorar?
De pequeña me enseñaron
que hay que sufrir y penar,
en este valle de llanto
pa' luego poder gozar.
Sí señor, para gozar.
Sí señor, para gozar.
Todo el mundo se aprovecha
de mi buena voluntad.

Yo soy madre resignada
y una esposa ideal,
una hija atribulada,
una suegra excepcional,
una nuera sin tacha
y una abuela jovial.
¿Lo hago bien o lo hago mal?
¿Lo hago bien o lo hago mal?
¿Qué me pasa, doctora?
¡No me puedo relajar!
Aparte de mi trabajo,
soy empleada de hogar,
doce horas a destajo,
pero sin remunerar.
Y si alguien se pone malo,
enfermera servicial,
con cofia y con minifalda,
pero sin cualificar.
¿Lo hago bien o lo hago mal?
¿Lo hago bien o lo hago mal?
¿Qué me pasa, doctora?
¡No me puedo relajar!
Yo no tengo vida propia,
ni tampoco aspiración
Y no escucho, si me vienen,
a rondar a mi balcón.
Medio siglo hace ya,
que no veo a mis amigas,

pero tengo bien planchadas
servilletas y cortinas.
¿Lo hago bien o lo hago mal?
¿Lo hago bien o lo hago mal?
¿Qué me pasa, doctora?
¡No me puedo relajar!
¡Nunca salgo a bailar!
No me entero de qué va
este mundo tan moderno
donde no hay tiempo pa' na'.
Que veo ya que la vida,
poco a poco se me va,
de penar estoy cansada
y ahora quiero disfrutar.
Sí señor, para gozar.
Sí señor, para gozar.
¡Y que yo tengo ansiedad!
Dicen que tengo ansiedad
¿Qué me pasa, doctora?
¡No me puedo relajar!
¿Lo hago bien o lo hago mal?
¿Lo hago bien o lo hago mal?
Ya padecí yo bastante,
¡ahora quiero disfrutar!
¡Sí señor, quiero gozar!
¡Sí señor, quiero gozar!

FIN

Valle Hidalgo es licenciada en Arte Dramático por la RESAD y en Psicología por la UCM, Máster en Guion Cinematográfico UAM y en Traducción Literaria UCM. Actualmente, está desarrollando su tesis doctoral sobre la autora y actriz Isabella Andreini (Padua 1562-Lyon 1604).

Ha participado como actriz en más de setenta producciones audiovisuales y teatrales, de las cuales produce, dirige y/o escribe más de una veintena de ellas, con apoyos de Ministerio de Cultura INAEM e ICAA, Consejerías de Cultura de Castilla-La Mancha y Madrid, Fundación SGAE, entre una larga lista de organismos públicos y privados.

Algunas de sus obras de teatro estrenadas como autora, además de las dos que componen esta edición, son *Amortes*, *Isabella Enamorada*, los espectáculos para público familiar *Por arte de Birlibirloque*, *Mis juguetes en el desván*, *El disfraz* y *El sapo Travieso*, o los monólogos *La perfecta maltratada* y *Dulcinea toma la palabra*, que han protagonizado giras internacionales en una docena de países. Entre las versiones que realiza, cabe destacar *El lindo Don Diego,* sobre la obra de Agustín Moreto, para la Clausura del 41º Festival Internacional de Teatro Clásico de Almagro y *Mirtilla, un sueño de Isabella Andreini*, a partir de *Mirtilla Pastorale* (1588), primera obra que conservamos firmada por una mujer seglar publicada en el siglo XVI, que también traduce del italiano, por primera vez al español.

Entre sus reconocimientos se cuentan: Premio Especial Teatro/Cine Latin Alternative Theatre Awards, LATA, New York 2023; Premio MEIM Mejor Dirección Festival Nacional de Teatro de Talavera de la Reina 2021; Premio Dramaturgia de la Asociación de Periodistas Teatrales de México APT 2015; Huésped distinguida del Ayuntamiento de Puerto Plata en República Dominicana 2015; Mención Especial Festival de Teatro Iberoamericano Cumbre de las Américas; Mar del Plata 2012; Finalista Mejor Autor Vivo Premios de Teatro de Rojas 1997.